eビジネス新書

No.362

週刊東洋経済

不動産 勝者と敗者

週刊東洋経済 eビジネス新書　No.362

不動産　勝者と敗者

本書は、東洋経済新報社刊『週刊東洋経済』2020年10月31日号より抜粋、加筆修正のうえ制作しています。情報は底本編集当時のものです。このため、新型コロナウイルス感染症等による、その後の経済や社会への影響は反映されていません。（標準読了時間　90分）

不動産　勝者と敗者　目次

・それでも不動産は「買い」か？……1
・テレワーク時代のオフィス新価値……6
・INTERVIEW　経営者の大半は「様子見」だ（時田勝司）……15
・五輪組織委員会「オフィス分裂」の受難……18
・オフィス「分散」需要に虎視眈々……20
・大手企業がオフィス改革へ号砲……28
・オフィス縮小は本当に「得」なのか……38
・コロナ禍で日本が「再発見」された……43
・もがくホテル　光明は差すか……51
・INTERVIEW　「近場からの集客が重要」（似内隆晃）……60
・「三重苦」商業地の叫び……62
・物流施設はコロナで爆騰……68

・銀行員が注視する「2023年問題」とは？……74
・ついに始まる新宿再開発……83
・名古屋で交錯する楽観と悲観……90
・大阪、出遅れた好景気に冷や水……93
・INTERVIEW「テレワークは揺り戻す　オフィス需要は不変」……97
　・東急不動産社長・岡田正志……97
・INTERVIEW「コロナにうろたえるな『子ども事業』に勝機」……101
　・ヒューリック会長・西浦三郎……101

明暗がクッキリ

それでも不動産は「買い」か?

2020年9月29日、毎年恒例の「都道府県地価調査」が発表された。全用途平均は3年ぶりの下落。ただ、コロナ禍の影響を受けた7月1日時点の調査であり、悪化自体は織り込み済みだった。

むしろ話題を呼んだのは、同じ不動産の中でもくっきりと明暗が分かれたことだ。地価の公表を受けて大手デベロッパー各社が発表したコメントには、「用途や地域、立地条件により様相が大きく異なる」(東京建物の野村均社長)、「立地と規模の両面から不動産価値の二極化が進む」(森トラストの伊達美和子社長)といった文言が並ぶ。

上昇一辺倒だった2019年までは、「オフィスの空室が出てもすぐに後継テナントが決まった」(オフィス仲介会社)、「ホテルを建てればすぐに買い手がついた」(都内のデベロッパー）。そんなわが世の春は過ぎ去った。「時代の転換点にあり、さまざまなデータをどう読み解くのかが、これまで以上に重要な局面」（野村不動産の宮嶋誠一社長）という。

とはいえ、現状では、「長期的な視点では市況を悲観的に捉えていない」（東急不動産の岡田正志社長）といった見方が大勢だ。不動産業は実体経済に対する遅行性があり、日銀短観の業界別先行き見通しでも景況感は依然として悪くない。不動産売買についても、緊急事態宣言中こそ外出自粛の影響で取引が停滞したものの、海外からの資金流入は続いている。

2020年3月には香港の機関投資家PAGが欧米の年金基金や政府系ファンドなどから27・5億ドルを調達。日本を中心とするアジアの不動産などに振り向ける。カナダの不動産ファンド、ベントール・グリーンオークも日本の不動産を対象にしたファンドの組成に動いている。コロナ禍でも比較的「軽傷」だった日本が注目されている形だ。

基準地価の前年比変化率

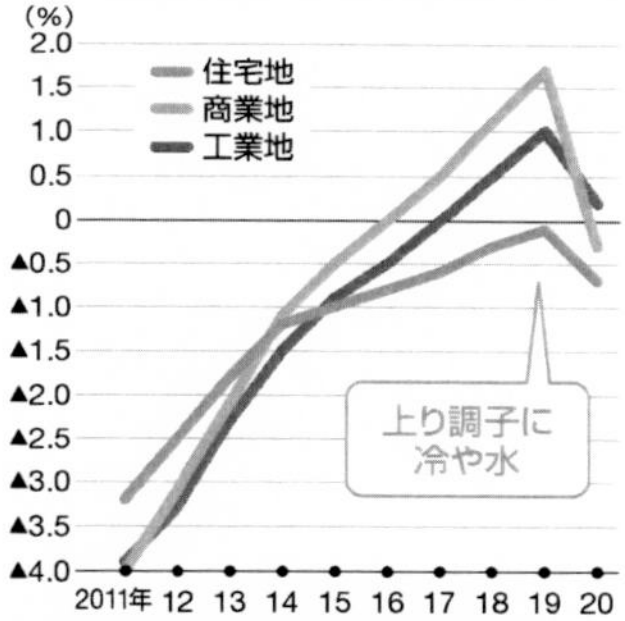

(注)基準地価は各年7月1日時点。▲はマイナス
(出所)国土交通省「都道府県地価調査」

各業界の先行き見通し

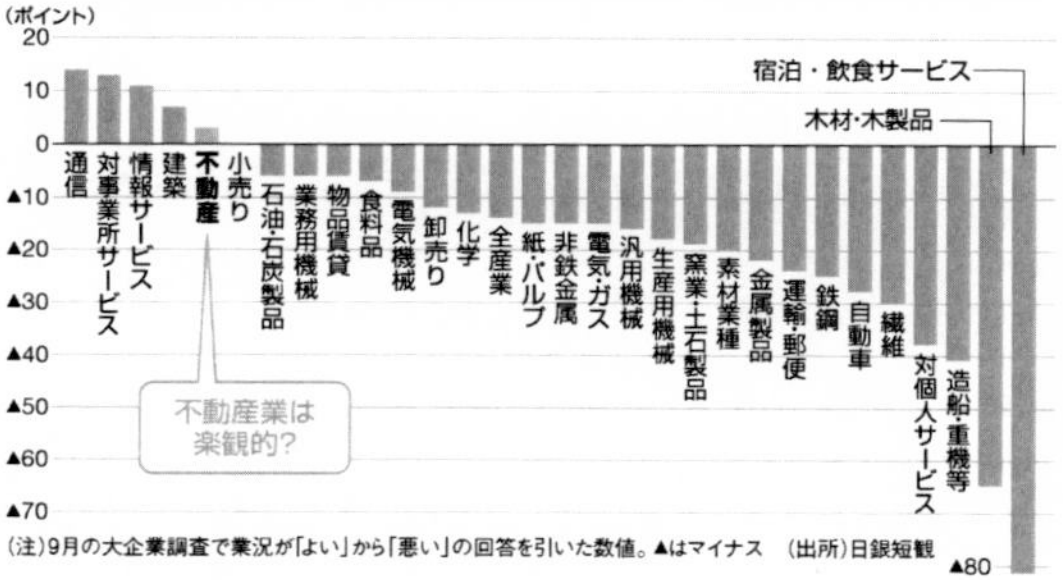

(注)9月の大企業調査で業況が「よい」から「悪い」の回答を引いた数値。▲はマイナス　(出所)日銀短観

本誌の見通しでは、物流施設は言うに及ばず、ホテルや商業施設といった痛手を負った用途でさえ10月以降は雨模様がやや和らぐ方向だ。「21年には東京五輪が開催されて訪日客は復活。ワクチンも開発され元の活況に戻るはず」との見立てから、物色を始めた投資家も少なくない。実体経済の悪化を尻目に、不動産業は依然熱狂に包まれている。

だが、業界の雰囲気とは対照的に、上場不動産会社の株価は軒並み軟調だ。「物件を買うより会社を買ったほうが安い」との見方もある。コロナ後の新常態で誰が笑い、誰が泣くのか。

（一井　純）

2020年の不動産を取り巻く動き

年月	概況	オフィスビル		ホテル		商業施設		物流施設	
2020年 1〜3月	わが世の春	快晴	オフィスは「固定費」から「投資」へ。拡張移転需要が大型供給を吸収、空前の低空室率を謳歌	曇り	訪日客増加の一方、供給過剰で競争激化。2018年ごろから客単価下落の兆し	晴れ	インバウンドの恩恵大。都心ではオフィスや住宅をしのぐ収益を稼ぎ出す	晴れ	EC需要の高まりや老朽化した倉庫の建て替え需要が大型供給をのみ込む
4〜6月 緊急事態宣言	混乱	曇り	業績悪化の企業がオフィスを縮減。「1億総テレワーク」状態でオフィス不要論が台頭	大雨	訪日客は霧散、国内客も外出自粛で宿泊需要が消失。運営会社の倒産が相次ぐ	大雨	外出自粛が直撃。施設の閉鎖が相次ぎ、テナントからの賃料減免依頼も殺到	快晴	巣ごもり需要でEC利用が一段増。コロナ禍での「唯一の投資先」として脚光
7〜9月	暗中模索	曇り	固定費削減の動きは一服。削減一辺倒からテレワークを織り交ぜたオフィスのあり方を模索	雨	営業再開でも稼働低迷。旅館や高級ホテルなど一部施設は「Go To」効果でやや復調	雨	郊外の生活密着型は好調でも、都市部の物販、飲食の戻り鈍く二極化進む	快晴	「安定資産」の地位を一層確立。新規参入も相次ぎ、コロナ前より高値の取引も出現
10月以降	ニューノーマルとの対峙	曇り〜曇りのち雨	大規模、駅近といった王道から、各テナントごとにオフィス需要が多様化。定期借家契約など「貸し手優位」の契約は岐路に	曇り〜雨	国内移動や訪日客流入の復活でも過当競争は変わらず。感染予防策の徹底や「寝る」以外の付加価値訴求がカギ	曇り〜曇りのち雨	飲食店の宴会離れや物販店のEC重視が強まれば、テナントの賃料負担力に陰り。凡庸な商業施設は淘汰へ	晴れ〜快晴	感染収束のいかんにかかわらずEC需要は堅調。投資家からの引き合いも旺盛。ただ高値づかみには要注意

テレワーク時代のオフィス新価値

オフィス市場を語るうえで何かと話題に上る渋谷。中でもとくに動向が注目されていたのが、２０１２年に開業した渋谷ヒカリエだ。一時は坪単価で5万円という、大手町や丸の内と肩を並べる賃料水準を視野に入れるなど、スタートアップの熱狂に沸く都市を代表するビルだった。

移転は「第2波」へ

ところが、２０年１０月に３２～３４階の３フロアを賃借していたＫＤＤＩが退去。テレワーク全盛という向かい風の中、抜けた約２０００坪を埋め戻せるのか。オフィス市場を占う試金石として、業界は固唾をのんで見守っていた。

結果はどうだったか。「メドはついた。想定よりスムーズに決まった。渋谷の中心に立ち、採用に有利な点も評価された」。ヒカリエを保有する東急のビル運営事業部・福島啓吾主査はほっとした表情を見せる。賃料も坪4万円台半ばという高水準で成約したもようだ。

固定費削減と在宅勤務の拡大によって、オフィスは不要になる――。世間で叫ばれる印象と、ヒカリエの動きはやや異なる。経営状況が厳しい企業によるオフィスの解約・移転が相次いだ「第1波」は過ぎ去り、本当に必要なオフィスを考える「第2波」へと移行しつつあるからだ。

「20年3月までは問い合わせの9割5分が拡張移転だったが、4〜6月は一転して9割が縮小に変わった。7月からは再び動きが変わり、7割が縮小、3割が拡張に。そして8月は拡張が縮小を上回った」と、スタートアップ向けにオフィス仲介や移転支援を行うヒトカラメディアの上岡貴弓氏は語る。拡張の意向が増えてきた理由について、「テレワークを加味したオフィスのあり方を企業がわかってきたためだ」とみる。

コロナショックが過去の景気後退局面と異なるのは、働き方改革や感染予防などオフィス移転の変数が多いことだ。「大企業は移転の判断を下すまで時間がかかる。現状維持、面積を2割削減、5割削減の3つのシナリオを基に、最適なオフィスを考えてくれといった相談もある」（都内のオフィス仲介会社）。IT企業や決断力のある大企業は早い段階でオフィスの縮小に着手する一方、大半の企業は判断に時間をかけそうだ。

ただ、縮小の動きが緩やかだからといって、オフィス市場が安泰というわけではない。オフィス仲介会社オフィスナビの西川浩東京本社第1営業部長は、「オフィスにどんな機能を求めるか、テナントが再考し始めた」と話す。

■縮小から拡大までテナントの選択肢は多様化
—経営者が抱える課題とオフィス移転の選択肢—

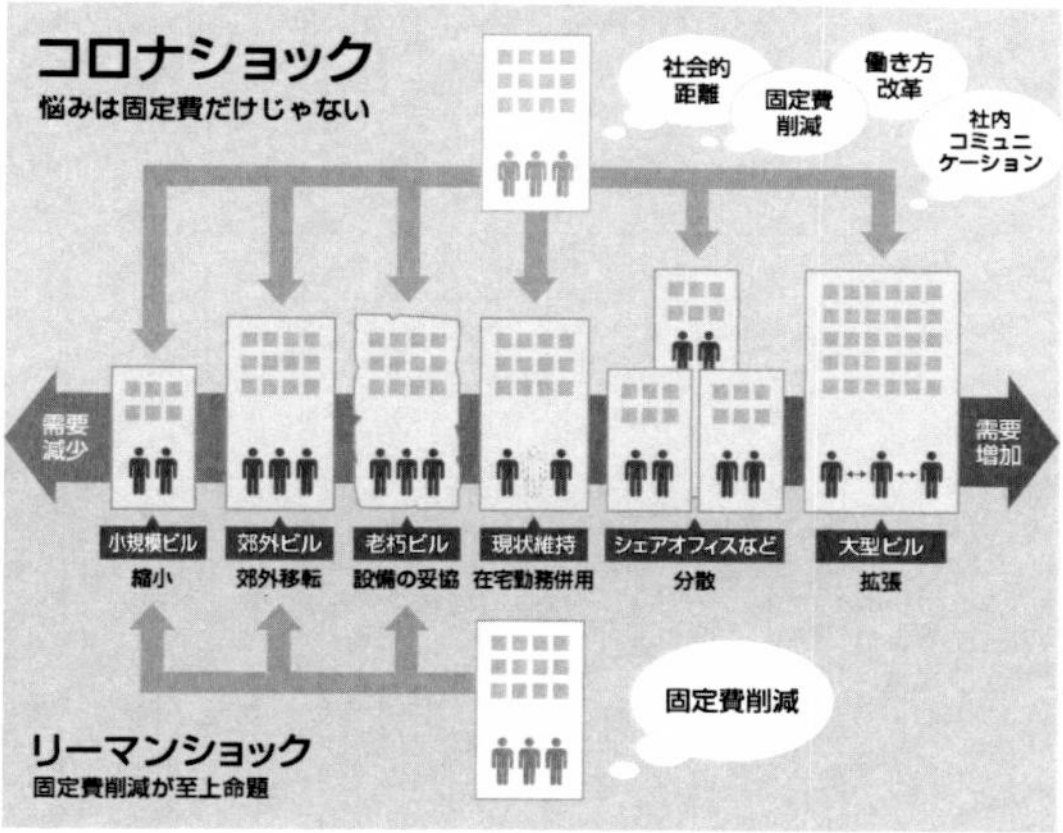

景気回復が続いていた時期には、テナントのオフィス賃料に対する認識が固定費から投資へ変化し、拠点集約や採用強化、福利厚生などの触れ込みで高級オフィスを借りる企業が相次いだ。だが、業績が悪化しテレワークも常態化する中、高級よりも「身の丈」に合ったオフィスを求めるようになる。

その影響を最も被りそうなのは、やはり渋谷だ。「コロナ以前のスタートアップには、賃料が高くても『渋谷なら間違いない』という空気があった。今は都心でも郊外でも、なぜそこにオフィスを構えるのかというストーリーが重視される」（ヒトカラメディアの上岡氏）。

渋谷駅西口から道玄坂を上り切った先に立つ「渋谷道玄坂スカイビル」はその象徴だ。駅から徒歩10分弱という立地が壁となり、もともと東急はテナントの誘致に難儀していたが、スタートアップの活況を受け賃料は坪3万円台まで上昇。コロナ禍を経て駅との距離が敬遠され始めると、賃料は一転して坪2万円台へ下がりつつある。

渋谷駅直結の大型ビル「渋谷マークシティ」も、立地とランドマーク性が評価されコロナ以前の賃料は坪4万円台半ばまで上昇した。

だが、ビル自体は20年で築20年。東急が駅周辺に供給したオフィスビルの中では古参で、競争力ではやや劣る。19年秋にサイバーエージェントが退去した区画の一部は、緊急事態宣言発出もあり1年経っても空室が続く。募集賃料も坪4万円強へと下げ基調だ。

19年までは活況の波に乗り、高めの賃料を提示できた新規のビルも苦しい。東洋不動産などが東京メトロ日比谷線神谷町駅前で建設中のオフィスビル「プライムテラス神谷町」は、20年11月に竣工を迎える。が、記事執筆時点では2~10階の全フロアが募集中だ。坪3万円台後半という募集賃料は「コロナ前の水準でも強気」(関係者)。

野村不動産が8月に竣工した「PMO渋谷Ⅱ」も坪3万円台後半で募集中だが、7フロア中5フロアが決まっていない。21年2月に東五反田で竣工予定の住友商事「島津山PREX」は、坪3万円台前半という価格が重く、2階を除く全フロアが募集中だ。

いずれのビルも高級感や設備グレードを訴求して、高い賃料を得る戦略だった。が、「ここまでの高級感が必要か」「賃料設定は適切か」といったテナントのシビアな目線が逆風となっている。

こうして、ビルの貸し手と借り手との力関係は逆転しつつある。空室が激減していた時期はテナント側の選択肢が乏しく、オーナー側が強気な条件を提示してものまざるをえなかった。だが現在は、オーナー側が契約条件を譲歩する。「数カ月間のフリーレントをつけたり、居抜きでの入退去を容認したりするオーナーが増えてきた」（オフィスナビの野村和孝東京本社第2営業部長）。本来中途解約が不可能な定期借家契約でも、解約が可能な特例を設ける動きもある。

六本木の「ミッドタウン・イースト」では、オフィスフロアを1棟借りしていたコナミホールディングスが契約満了により20年度中に退去する。抜ける区画の大半は現在も募集中だ。一部ではフロアを分割するなど、収益性よりもテナント確保を重視するようだ。

テレワークが当たり前になった時代では、働きに「来てもらう」ための訴求力がカギを握る。三菱地所の吉田淳一社長は、「オフィス単体ではなく、エリアの特徴も踏まえるべきだ」と強調する。

コロナ対応ビルとは

三菱地所は東京駅前で大型再開発「TOKYO TORCH」を進める。建物は全4棟で、27年度竣工予定の「TORCH TOWER」は日本一の高さ（390メートル）になる予定だ。「経営戦略を練り、意思決定をすることはオンラインではできない。丸の内や大手町には戦略立案を支える法律事務所や監査法人、コンサルファームが集積する。商社やメガバンクなどスポンサーになりうる企業もいる」（吉田社長）。21年6月には初弾の物件「常盤橋タワー」が竣工する。関係者によれば募集賃料は坪5万円台半ばと高水準だが、竣工までに満床となりそうだ。

20年9月、東急不動産は東京・竹芝に「東京ポートシティ竹芝」を開業した。最先端技術が集積するスマートシティをテーマに、ビルの設備には非接触・非対面技術やロボットを積極的に採用。人感センサーを通じて共用部の混雑状況がわかるなど、期せずしてコロナ対応ビルになった。

が、感染予防はあくまで副産物。東急不の岡田正志社長は「竹芝はＩｏＴ技術活用に向けた実証実験の場」と、渋谷に次ぐ重点エリアと位置づける。屋内外に設置したカメラやセンサーを通じて気象や交通、来訪者の行動などのデータを収集し、新たなサービスを展開する。東急不と共同で開発を推進し、竹芝のビルを１棟借りするソフトバンクの宮内謙社長は、「竹芝を最も進化した街にしたい」と話す。

不動産業界は「対面の価値は重要。オフィスはなくならない」と口をそろえる。だとしても、テレワークを超える価値を訴求できないオフィスは、存在意義を問われる。わざわざ働きに出たくなるオフィスを誰が提供できるのか、コロナが号砲を鳴らした。

（一井　純）

INTERVIEW

経営者の大半は「様子見」だ

コリアーズ・インターナショナル・ジャパン マネージング・ディレクター 時田勝司

オフィス市況は景気に対して遅行性があり、影響が顕在化するまでは半年から1年ほどかかる。リーマンショック直前の2008年8月、都心5区には約24万坪のオフィス空室が存在した。それが半年後には34万坪、1年後には48万坪に増加した。ボトムは11年3月で、空室は60万坪だ。

ひるがえって、コロナ禍直前の20年3月時点での都心5区の空室は11万坪で、9月は20万坪。今はオフィス戦略に対する企業の方向性がそろそろ固まり始める頃だ。空室が本格的に目立ち始めるのは21年春以降ではないか。想定成約賃料は、統計上ではまだ下がっていない。賃料を下げる代わりに、フリーレントなど「おまけ」

をつけているためだ。

生産性は後回し

今回の事態は企業業績のほか、社会的距離の確保がオフィス戦略の変数として加わった。だが、感染予防を意識してオフィスを増床・分散させる動きは限定的だろう。ニューノーマル時代にどれだけ売り上げが立つかが見通せなければ、固定費への投資をどこまで増やせるかの判断はできない。

ひとまずはテレワークを織り交ぜてオフィスの出社人数を減らし、コロナが収束するまで様子見をする対応が続くだろう。テレワークは生産性を下げるという意見もあるが、生産性の計測は難しく、短期的にはアウトプットに表れづらい。経営者としては、まずは目先の数字を上げることを重視し、生産性の議論は後回しになるのではないか。

時田勝司（ときた・かつじ）

1992年ハリファックス・アソシエイツ入社。テナント・レップ部門の統括責任者を経て、2017年から現職。

延期でも契約延長ならず

五輪組織委員会「オフィス分裂」の受難

2020年6月、東京五輪組織委員会の理事会でオフィスの「分裂」が決議された。現在は東京都中央区の「晴海アイランドトリトンスクエア」に約1万0500坪を賃借している。契約は20年秋に満了予定だが五輪延期に伴い契約延長の必要が生じた。

だが、そのうち確保できたのは約8100坪。トリトンはフロアごとに別々の投資家が権利を保有し、延期に応じるか否かは各投資家の意向次第。後継テナントが決まっているなどの理由から首を縦に振らない投資家もいたようだ。

そこで、数キロメートル離れた江東区内のテレコムセンタービルに10月から約1000坪を押さえた。それでも足りない1400坪は、会議室の削減やテレワークの導入で工面する。

オフィス探しで苦悩

組織委員会のオフィス探しは苦労の連続だった。虎ノ門や新宿などに借りていたオフィスを２０１８年度に約２５００坪分、１９年度に約７５００坪分、トリトンへ集約した。

トリトンでも空室をかき集めて1万坪を捻出した結果、階が飛び飛びだったり、半分しか賃借できなかったりしたフロアもある。本誌調査では、9月時点でW・X・Y・Z計４棟１４フロアに、組織委員会関連の入居が確認できた。

関係者によれば、延長後の契約は２１年秋まで。五輪開催の再延期、などという事態は考えたくもないだろう。

オフィス「分散」需要に虎視眈々

「設計を急きょ見直した」。オフィスビルのリノベーションやシェアオフィスの運営を手がけるリアルゲイトの岩本裕代表取締役が話すのは、同社が9月に東京・原宿に開業したシェアオフィス「ポータルポイント原宿」だ。

同オフィスは設計途中にコロナ禍に見舞われた。そこで建物の換気性能を向上させ、鍵を非接触型に切り替えたほか、ビルのワンフロアに設置予定のラウンジの設計を急きょ「新しい行動様式」に即した形に練り直した。

座席同士の距離に余裕を持たせ、かつ極力向かい合わないよう配置。密室化を避けながら社会的距離を保てるように特注の円形ブースを設置した。会議も対面からリモートに移行すると考え、会議室を減らした一方、音量や他人の目を気にせず電話やテレビ会議が可能な個室を新設。ＨＰ上で混雑状況を確認できるシステムも導入した。座席数が減った分は利用料金を引き上げる形で事業性を確保する。

行動様式だけでなく、オフィスのあり方も変化を迫られている。３密回避などの感染予防策のほか、オフィスの分散やテレワークの普及への対応も急務。他方で、変化を市場開拓の機会とにらんでいるのがシェアオフィス各社だ。

オフィス仕様も「ニューノーマル」に
―ポータルポイント原宿のレイアウト―

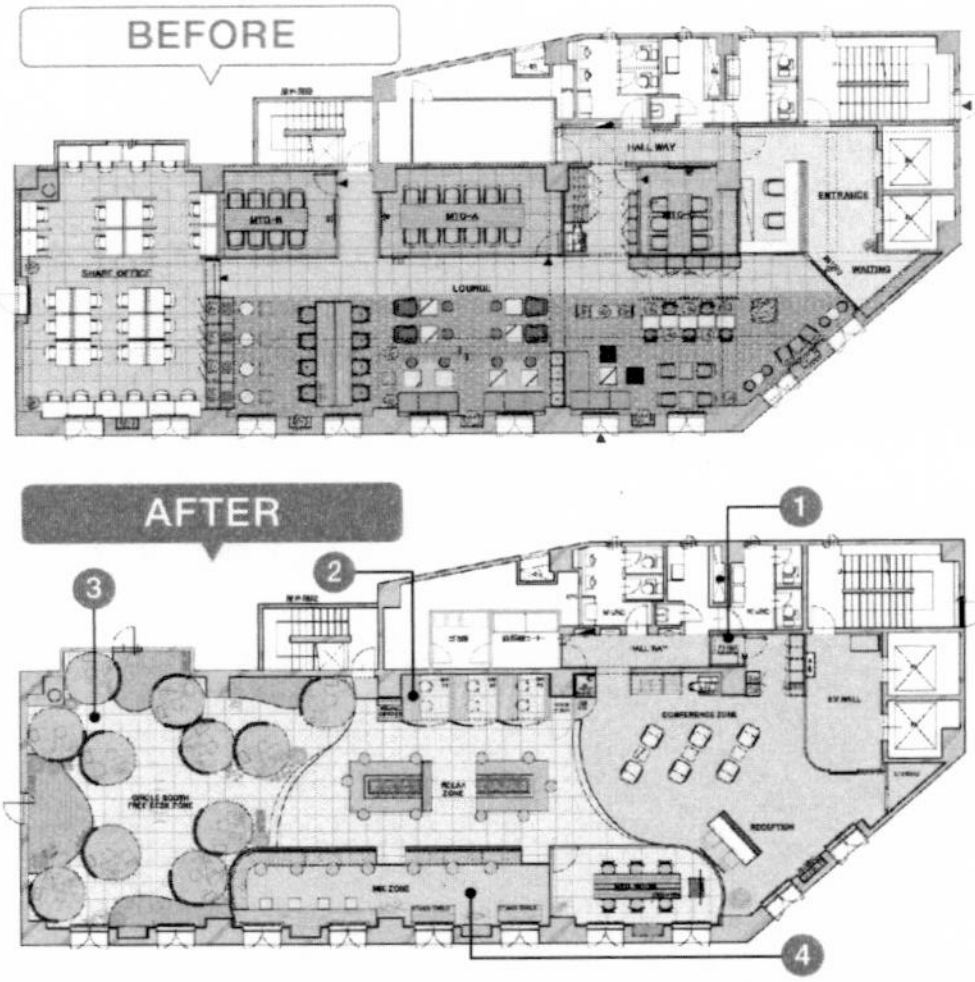

① 電話やテレビ会議用の個室ブースを新設

② テレワーク普及を受け会議室を削減

③ 密室にならない特注の半個室ブースを設置

④ 利用者が向かい合わないよう座席配置を変更

（出所）リアルゲイト

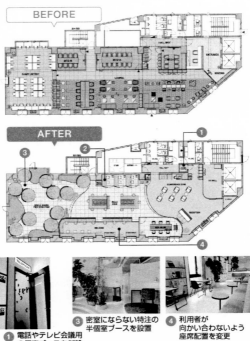

「オフィス環境の変化は追い風だ」。10月16日に開催された決算説明会で、TKPの河野貴輝社長はこう話した。主力事業である貸会議室の稼働率がコロナ禍の直撃で急落した一方、19年買収した貸しオフィス「リージャス」の稼働率は堅調に推移。リージャスの国内拠点は直近6~8月期も営業黒字を守った。

オフィスビルのワンフロアを借り、数席程度の面積に分割して転貸するのがリージャスのビジネスモデルだ。これまではスタートアップや小規模な法律事務所、出先機関などが利用していたが、直近ではオフィス縮小の受け皿や感染予防のため拠点を分散させたい企業からの引き合いが増している。「今後の新規出店もリージャス中心だ」と河野社長は強調する。

コロナ禍の収束が見通せないことも、シェアオフィスの利用を後押しする。内装や什器などがすべてそろい、身一つでも仕事を始められる。拠点によっては1カ月単位で契約を結べるため、景気変動に合わせてオフィスを伸縮できる。

オフィスビルを数坪単位で小割にして転貸する形式だけでなく、フリーアドレス形式で個人が自由に席を選ぶ「コワーキングスペース」も広がる。テレワークにより働く場所に縛られなくなったことが好機となっている。

加速する企業連携

中でも目立つのは、「都心」から「郊外」への出店シフトだ。従来は外回りの合間などの利用を想定していたため、都心部のビジネス街に拠点が集中していた。だが出社が不要になれば、住宅地に近い場所の需要が増す。

都心部で法人向けコワーキングスペース「H1T」を展開する野村不動産は6月、東電不動産が郊外を軸に広げる「ソロタイム」と提携。両社の会員は相互利用が可能になった。野村は翌7月には東武鉄道のサテライトオフィスとも提携。郊外への展開を加速させる。

都心部の高級オフィスビルへのシェアオフィス出店に傾倒していたウィーワークの姿勢にも変化が出てきた。7月には全国の拠点を自由に利用可能な「ウィーパスポート」を発表。さらに「利用者から『郊外に出店しないのか』とよく聞かれるようになった」（佐々木一之ＣＥＯ）として、郊外への出店も検討する。

各社がそれぞれのブランドを展開し、群雄割拠の様相を呈するシェアオフィス業界。働く場所を自由に選べる時代には拠点を網の目のように張り巡らせる必要がある。自前ですべての拠点整備は難しいため、提携を通じた拠点拡大が進む。大手デベロッパーの東京建物、日鉄興和不動産、日本土地建物の３社は共同でシェアオフィスのプラットフォーム「タイムワーク」を運営。直営店舗は３社合計でも６拠点にとどまるが、他社のコワーキングスペースやホテルのラウンジなどの提携施設を含めれば、拠点は９０にまで増える。

拠点数拡大のために合従連衡が進む ―各社の提携状況―

企業	ブランド名	提携内容
野村不動産	H1T	東電不動産や東武鉄道と提携、拠点の相互利用が可能に
東急	NewWork	カフェやカラオケ店と提携、東急線のほか郊外にも展開
東京建物 日鉄興和不動産 日本土地建物	+OURS WAW SENQ	シェアオフィスの相互利用、プラットフォーム「タイムワーク」を展開

働き方改革が追い風に
―フレキシブルオフィス(シェアオフィス)の累計面積―

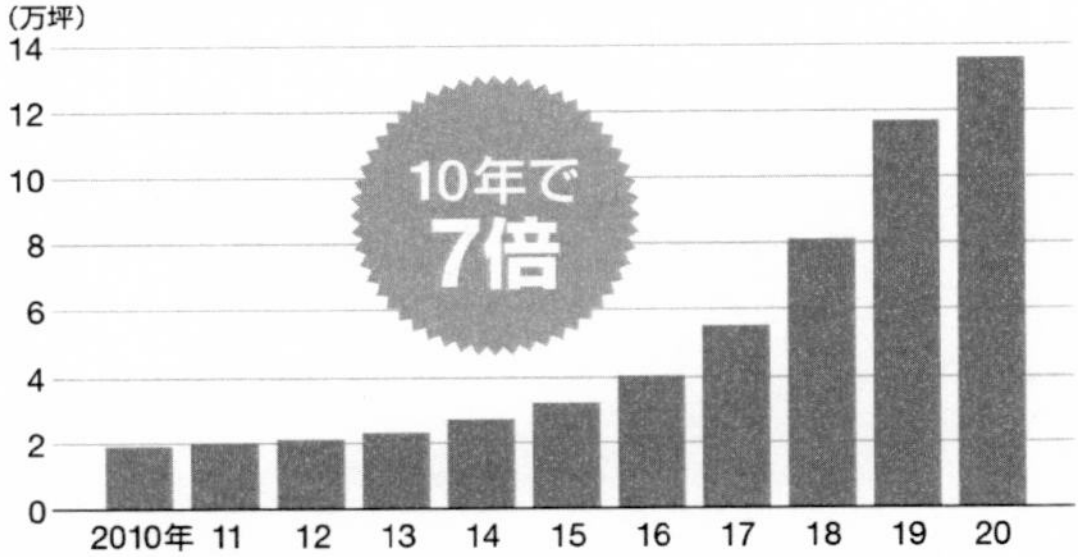

(注)開設年不明の拠点を除く
(出所)ザイマックス不動産総合研究所の調査を基に本誌作成

遊休スペースのマッチングサービスを展開するスペースマーケットは、8月から仕事に特化したスペースのマッチングを開始した。これまではパーティーや撮影などでの利用が中心だったが、今後はテレワークや会議用、さらにサテライトオフィスとして週・月単位での利用も取り込む。年内に3000超の拠点をサイト上に掲載することを目指す。

働く場所が分散する中、シェアオフィスの存在感は一層高まりそうだ。

（一井　純）

大手企業がオフィス改革へ号砲

新型コロナウイルスの襲来に伴うリモートワーク拡大で、オフィスのあり方を見直す企業が続出している。規模が小さく身軽なベンチャーならば環境の変化に柔軟に対応しやすいが、数多くの社員を抱える大手企業が踏み切るには時間も費用もかかる。どのような形で新しいオフィス像を描くのか。注目企業の動きを追った。

【パソナ】

本社機能を担う社員を兵庫県淡路島のオフィスに移す――。人材サービス大手のパソナグループは、人事や経営企画などに携わっている社員1800人のうち1200人を2024年5月末までに順次、移動させる予定だ。20年9月にこのニュースが流れると、「社員は地方で生活基盤を確立できるのか」など世間は大きく反応した。

南部靖之代表は2011年の東日本大震災の時点から東京一極集中への懸念を抱いていた。コロナの感染拡大をきっかけに、「BCP（事業継続計画）やマネジメント、ガバナンスの観点で考えれば、3密の問題も含めリスク分散を図るべきだ」（南部代表）と決断した。

南部代表はすでに淡路島を拠点にし、役員会も同地で開催している。管理職を除き希望しない社員は移動を拒めるが、豊かな自然環境や子育て面などを魅力に感じて「若い社員を中心に希望する社員は多い」という。

移転を機に、これまで進めてきた「地方創生ビジネス」を拡大する。淡路島では08年に開始した農業支援事業を皮切りに、積極的な投資を続けてきた。17年には兵庫県立淡路島公園内にアニメキャラクターを生かしたテーマパーク「ニジゲンノモリ」を開園し、この10月には「等身大ゴジラ」の展示も始めた。

新たな働き方も模索中だ。オンラインで場所を問わず仕事ができる中、淡路島と東京、そのほかの地方など、自ら働く場所を選べる「ハイブリッドワークシステム」で仕事ができる仕組みづくりを描く。それは自社で完結するのではなく、人材ビジネスの1つとして発展させる算段だ。

【富士通】

「22年度末までにオフィス規模を現状の50％程度に最適化する」。富士通は20年7月、国内約8万人のグループ社員の勤務形態についてテレワークを基本とすることを発表した。

オフィス整備の責任者である人事・総務本部の阪本陽二・ファシリティマネジメント統括部長は、「（オフィスの縮小は）コスト削減が目的ではない。新たな働き方に合わせた結果だ」と強調する。緊急事態宣言下で工場勤務などを除くほとんどの社員が在宅勤務に移行し、宣言解除後も出勤率は15～20％にとどまる。「多くの業務が在宅でも可能だと気づかされた。オフィスが必要な業務は何なのかを考え直した」（阪本氏）。

富士通は今後、社員が働く場所を3種類設定する。1つが座席の決まっていない「ハブオフィス」だ。部門を超えた会議やチーム構築、あるいは顧客との協業などに使われる。既存のビルやフロアを改装し、少なくとも各都道府県の拠点に1つは設ける。都内の場合は3つの営業エリアに1つずつ設置する予定だ。

残りの2つが「ホーム&シェアードオフィス」と「サテライトオフィス」だ。前者は、文字どおり在宅勤務と、外部企業が運営するシェアオフィスを指す。事務作業や資料作成など1人でできる業務ではこれを推奨する。誰もが満足な在宅勤務環境を持っているわけではないので、現在200拠点ほど契約しているシェアオフィスの数も拡大する。

ただ、シェアオフィスは社外の人も働いているため、セキュリティー上の懸念があるほか、ネットワークが安定しない場合もある。そこでサテライトオフィスを設ける。現在は全国で20カ所だが、今後は社員の居住地域に近い場所を中心に、既存の自社拠点も活用しながら増やしていく方針だ。

「自社オフィスが減る分、賃料などは下がる。だが、改装やシェアオフィスとの契約拡大のほか、在宅勤務環境整備の費用支給もあるので、こういったコストは増える」と阪本氏は話す。３つにまたがるオフィスの形が、新たな時代の働き方として定着するか注目だ。

【Zホールディングス】

東京メトロ南北線・永田町駅から直結の、オフィスや商業施設が入居する大型複合施設、東京ガーデンテラス紀尾井町。コロナ禍で以前に比べかなり人通りが少なく、ひっそりしている。

このビルの5～24階に入居しているのがZホールディングス（ＺＨＤ）だ。中核企業のヤフーでは２０年2月からほぼすべての社員に在宅勤務を推奨、社員の出社率は7月時点で約5％、その後も約１０％にとどまっている。

さらに、１０月からは「無制限リモートワーク」と称する新しい勤務制度に移行した。全国の正社員、契約社員、嘱託社員の計7０００人超が対象で、コロナ以前は月間5日までとしていたオフィス外勤務の回数上限を撤廃。通信費、環境整備費など最大月7000円を補助する一方、通勤定期代は支給停止（実費支給に変更）とするなど、制度面でもさまざまな変更を行った。同時に、副業人材の募集も始めている。

同社のオフィスには広大な余剰スペースが生まれたわけだが、ここを有効活用する道も探り始めている。今後はアスクル、ＺＯＺＯといったほかの地域に本社を構えるＺＨＤグループ企業の社員向けに、東京ガーデンテラス紀尾井町の執務スペースの開放を検討していく。もともと、基本的に全社員がフリーアドレスでデスクを利用するフロア設計であるため、グループ社員の単発利用でも受け入れやすい面がある。

ヤフーが手がけていたビル17階のオープンコラボレーションスペース「ＬＯＤＧＥ（ロッジ）」も運営方法を見直している。フリーランスを含む多様な業種・職種の人が利用できる場として運営していた同スペースは感染防止の観点から2月以降閉鎖していたが、10月にＺＨＤグループ社員が使える場として再開した。

もともと約200あった座席は約30まで絞り、今後は感染の警戒レベルによって変動させる。社外の希望者も広く受け入れていた従前の状態には戻っていないものの、「まずはＺＨＤグループ全体のイノベーション創出の場として再始動させる」（ＺＨＤ

広報)。

多面的にスペース活用を模索するが、現状はリモートワークの場として自宅を選ぶ社員が多く、ロッジも〝閑古鳥〟状態のようだ。社員のニーズを見極めつつ、「オフィスを縮小することも含め検討中」(ZHD広報)としている。

【キリン】

キリンホールディングス(HD)は20年9月から首都圏の勤務者を対象に、シェアオフィス制度を本格的に導入した。シェアオフィス運営会社と契約し東京23区内の駅前を中心に110カ所の拠点を使える。「拠点の多さが契約の決め手となった」とキリンHD人事総務部の山田俊和氏は話す。10月21日からは、大阪や名古屋、福岡などの大都市でもシェアオフィスを活用できるようになった。

同社は新型コロナの感染が拡大した4月以降、自宅勤務、および自宅から営業先への直行・直帰などを基本とすることを定めた。得意先の飲食店などを何軒も回る営業担当者からは、営業途中に内勤できる場所を求める声がコロナ前から多かったこともあり、今回シェアオフィス制度を導入することを決めた。現在は多くの営業担当者が、次のアポイント先への準備などに活用している。自宅では集中しにくいという従業員も、作業の場として用いている。

東京・中野に構える本社の使い方は「再定義中」(山田氏)だ。現時点で縮小などの方針は出していない。1フロア約1500坪の広さを生かし、「イノベーションを生み、チームビルディングが進む場にしたい」(山田氏)と社内交流の場として活用する方向だ。

新たな働き方も模索している。10月から通勤手当を実費精算に変更する代わりに、在宅勤務を行う社員の光熱費などを補助する目的で月3000円の手当を支給。捺印や経費処理の電子化も進め、新常態を見据えた体制を整える。

【三井物産】

新しい働き方を見据えた大胆な仕掛けを用意した途端に、新型コロナに見舞われた企業もある。

総合商社の雄、三井物産は約4500人の社員が使う新本社（東京・大手町）の建て替え工事を終え、6月から運用を始めた。新社屋では部門やグループごとにフリーアドレスを導入、社員には定まった席はない。大幅なペーパーレス化も進めた。

特徴の1つが、各階フロアに1フロアの面積の3割以上を占めるコミュニケーションエリアを取り入れたことだ。エリアの中にはオープンな雰囲気で自由に意見交換ができる、一見するとカフェのような「ソーシャル」と呼ぶスペースを設置した。

ほかにも10人程度のグループ単位で議論するのに適した「コワーク」というスペースや、デジタルトランスフォーメーションに取り組む「dスペース」を備える。

新しい働き方を検討する三井物産のWork-X室の鈴木大山室長は、「社員の間で会話が生まれやすくなり、部門を超えた化学反応を起こすことにつながる」と強調する。関連性の高い部門同士を近くのフロアに配置する工夫もした。

ところが、新社屋の運用開始のタイミングで新型コロナの感染拡大という想定外の事態が発生。ペーパーレス化を推進したことが功を奏して、リモート勤務への移行はスムーズにいったものの、社員の出社や来客が大きく減ってしまった。多くの人がコミュニケーションエリアに集うことで生まれるはずだった「化学反応」は、限定的になってしまった。

しかし、緊急事態宣言が解除されて以降、出社する社員が徐々に増え、足元の出社率は5割程度にまで回復している。コミュニケーションエリアの座席には、ソーシャルディスタンスを取る目安となるシールが貼られ、マスク姿の社員が話し合っている様子が見られた。新社屋が思惑どおりに機能するのはこれからだろう。

（宇都宮　徹、中川雅博、長瀧菜摘、兵頭輝夏、大塚隆史）

オフィス縮小は本当に「得」なのか

オフィスを縮小して固定費を削減する。コロナ禍でこのような検討をしている企業も多いだろうが、実際どの程度の効果があるのか。

社員100名の企業が350坪を月坪3万円で賃借すると仮定し、三幸エステートの移転費用データを用いて毎年のオフィス関連コストを試算。結果、面積を5割縮小すれば5年目で1・5億円の削減効果がある一方、2割では効果が薄いことがわかった。

削減効果が限定的なのは、オフィス移転には引っ越し代以外に多額の費用がかかるためだ。オフィスの退去時には、入居前の状態に戻す「原状回復」が必要になる。配線や照明、間仕切りの撤去など多くはテナント側の負担だ。キッチン、あるいは床を抜いて上下フロアをつなぐ階段を新設した場合は、数千万円単位の費用を覚悟する必要もある。他方、移転先のオフィスは何もない状態で引き渡されるため、その内装工事も必要だ。

多少の面積縮小では、移転費用が賃料削減効果を上回ってしまう。「やるなら思い切り縮小しないと効果がない」(不動産サービス会社コリアーズ・インターナショナル・ジャパンの時田勝司・マネージング・ディレクター)。

単純な縮小移転なら削減効果は限定的

―オフィス移転時の累計固定費比較―

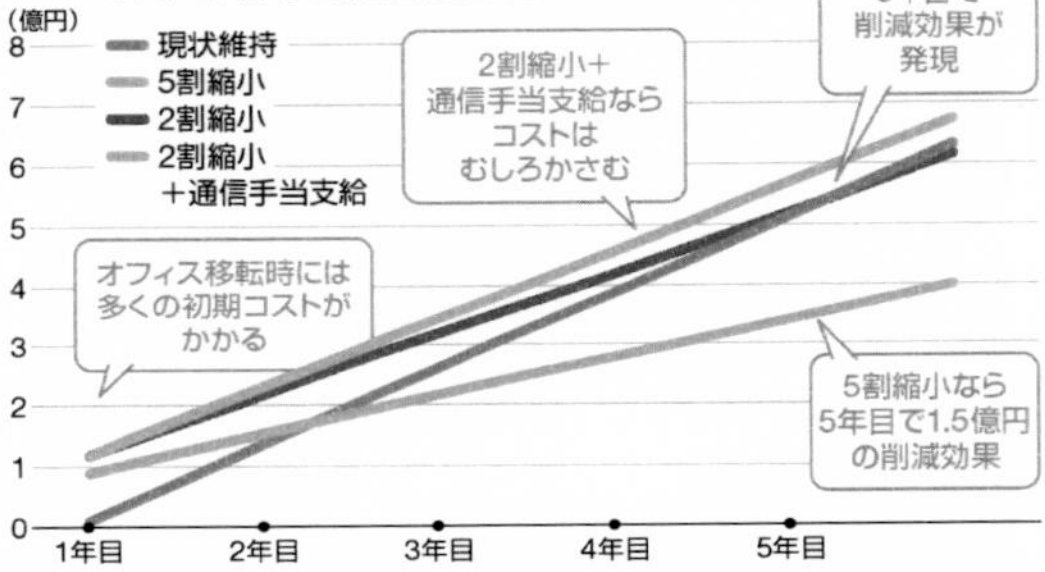
通信手当支給なら
むしろかさむ
2割縮小なら
5年目で
多くの初期コストが

（注）オフィス350坪を坪単価月3万円で賃借している社員100名の企業を想定。移転費用（原状回復、内装工事、什器購入、PC・通信移設、引っ越しなど）は三幸エステートの資料を参照。通信手当は1人当たり月1万円を支給。オフィス仲介手数料、契約更新料、入居工事期間中の賃料、縮小に伴う光熱費や交通費の変動および各種費用の償却効果は考慮していない

（出所）三井住友トラスト基礎研究所、三幸エステート「移転一時費用シミュレーション」を基に本誌作成

テレワーク「週2日」が分水嶺

―社会的距離確保に必要なオフィス面積―

拡張が必要　現状維持　縮小が可能

1人当たりオフィス面積（平方メートル）	在宅勤務導入日数／週（1人当たり）				
	0日（毎日出社）	1日	2日	3日	4日
10（狭いオフィス）	160%	128%	96%	64%	32%
12.3（一般的なオフィス）	130%	104%	78%	52%	26%
14（広いオフィス）	114%	91%	69%	46%	23%

社会的距離確保に必要な面積（経団連指針）＝16平方メートル

＋通信手当支給

（注）数値は経団連指針に沿うために必要なオフィス面積の拡縮。四捨五入（出所）コリアーズ・インターナショナル・ジャパンの調査を基に本誌作成

居抜きが活発に

そこで前テナントの内装をそのまま引き継ぐか、後継テナントに内装を引き渡して移転費用を抑える居抜きが活発だ。また、移転ではなく現在のオフィスの一部解約なら、引っ越し費用や新たな内装工事費用はかからずに済む。

大胆な縮小に踏み切ろうにも、その前に立ちはだかるのが、感染予防のための社会的距離の確保だ。日本経済団体連合会が5月に発表したガイドラインは、従業員同士の距離を2メートル確保することを求めている。こうした距離を保ちつつ、オフィスを設計し直すと、通路スペースや会議室などを含めて、1人当たり16平方メートルが必要になる。一般的なオフィスの1人当たり面積は12平方メートル強しかなく、社会的距離の確保にはオフィスを拡張するか、テレワークを併用して出社人数を制限する必要がある。

テレワークを導入する場合、従業員への通信機器の支給やクラウドサービス導入でも費用が発生し、賃料削減効果を減殺しかねない。三井住友トラスト基礎研究所の川村康人・投資調査第2部副主任研究員は「ビルオーナーに支払っていたコストの行き先がITベンダーに変わっただけという事態も起こりうる。テレワークが生産性に及ぼすマイナス影響も無視できない」と指摘する。コスト削減、感染予防、生産性維持の3つをすべて成し遂げねばならない経営者の悩みは深い。

（一井　純）

コロナ禍で日本が「再発見」された

不動産業界が注目していたビッグディールが動いた。

東京・虎ノ門に立つＪＴビル。その名のとおりＪＴが本社を構えていたが、２０２０年１０月に近隣の「神谷町トラストタワー」へ本社を移転することに伴い、ビルは入札にかけられた。虎ノ門という都心にある３５階建ての超高層ビルまるまる１棟という希少な出物に、国内外の投資家が触手を伸ばした。

２０年夏に実施された入札には、多数のファンドやデベロッパーが参加。ビルの帳簿価格は１９年末時点で土地が２１４億円、建物は１８８億円。下馬評では「出せる金額は頑張っても７００億円」（外資系不動産ファンド）。２０年の時点で築２５年と維持費がかさむことや、「自社ビル仕様で建てられているため、ビルの大きさに比べて賃料を取れる床が多くない」（関係者）という事情もはらんでいた。

複数の関係者によれば、住友不動産が約８００億円で取得するという。賃貸ビルとしての運用を想定する海外勢に対して、中長期的に再開発を企図する住友不が一段高い金額を提示して競り勝ったようだ。本誌の取材に対して、住友不はコメントを避けた。

背景に銀行の融資姿勢

「銀行から受けた融資の額が、その不動産の価値を表す。銀行が融資する限り、不動産価格は下がらない」。ある不動産会社幹部の言葉が、現在の不動産が置かれている状況を象徴する。実体経済や企業業績は軟調でも、金融環境は良好。リーマンショック時と異なり、金融機関が不動産への融資を急激に絞る気配は見られない。手元資金を抑えつつ不動産を取得できるため、投資家の鼻息は荒い。

海外勢の投資意欲も旺盛だ。視点を世界へ移すと、日本の不動産投資市場はある意味、コロナ禍で「再発見」されたともいえる。米不動産サービス会社CBREの辻貴史マネージングディレクターは、「日本はコロナによる死者数が少なく、欧米に比べて経済への打撃が限定的だ。アジアのほかの都市に比べて市場も大きく、日本が見直されている」と分析する。コロナ禍を契機に、新たに日本へ参入する投資家も出現。一部では国内の不動産業界から担当者を引き抜く海外投資家もいるという。

むろん、一口に不動産といっても選別は加速する。稼働率が高止まりしている物流施設や賃貸マンションの人気が沸騰する一方、客足の鈍いホテルは足元のキャッシュフローがマイナスで、融資を受けにくいことから「半値8掛け」（高値の半値にさらに8掛け）が相場になりつつある。売り主は買いたたかれることを警戒し、売買の目線が合わぬまま膠着状態が続く。

柱のオフィスビルについては、テレワークによる需要減の懸念はあるものの、冒頭のように都心の希少物件には引き続き資金が集まる。ただし、賃料を引き上げて価値を高める動きは一服しそうだ。オフィスビルの売買・賃貸を行うボルテックスの千葉武敏執行役員は、「オフィスビルに求める利回りは変えていない。ただ、空室のビルを取得し、より高い賃料でテナントをつけて利回りを上げるような取引には慎重なスタンス」と話す。

コロナ禍でも不動産業界が活況を呈する理由がもう1つある。業績不振の企業が資金繰りや決算対策のため、本社ビルや工場、社宅といった不動産を売却する可能性があることだ。返済期限や決算期に間に合うよう売却を急ぐ場合は、相場よりも割安での取得も見込める。ヒューリックの西浦三郎会長は、「すでに（一般企業からの不動産売却の打診が）出始めている。3月期決算企業の場合、20年12月から21年1月ごろにかけて本格化するのではないか」と話す。

投資家の選好が逆転 ―セクター別の投資意欲―

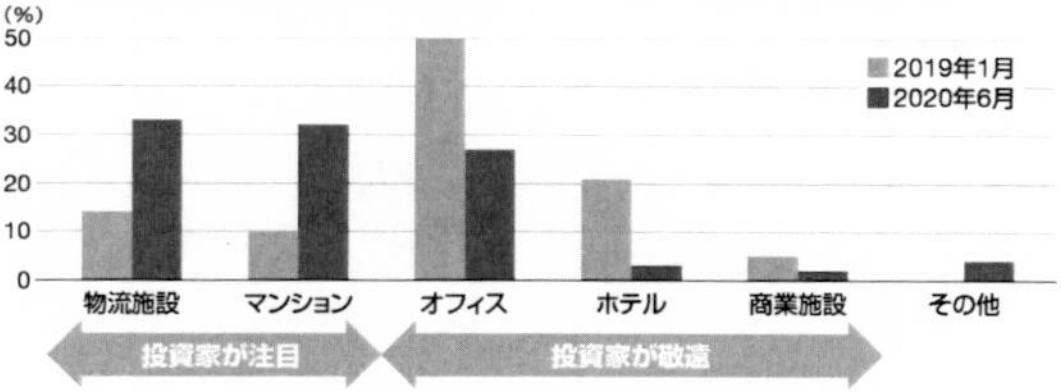

希少物件の放出が相次ぐか ―一般企業の不動産売却方針―

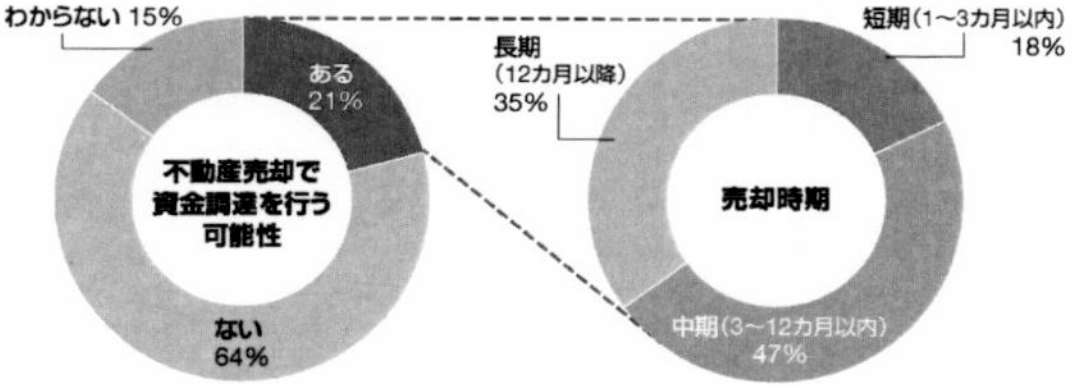

(注)今年5月20日～6月5日に調査、604名が回答
(出所)三菱地所リアルエステートサービスの調査を基に本誌作成

とはいえ、今回は買い手である不動産業界だけでなく、売り手である一般企業にも融資が継続している。そのため、リーマンショック時と比べて売り急ぎは少ないという見方もある。三井住友信託銀行では、20年4〜7月の売却相談件数が前年同期比で約3倍に増えたものの、「年内や年度内にどうしても益出しをしたい、との依頼は思ったほど増えてはいない。むしろテレワークの導入に伴い本社のあり方を変えたいとか、その一環として本社ビルを売却・リースバックしたい、拠点を集約する中で倉庫や工場を手放したい、といった中長期的な戦略に基づく相談が多い」(三井住友信託銀行の廣島成浩不動産企画部長)という。

デベロッパーという「身内」からも物件が出てきた。三井不動産は10月、保有する「新宿三井ビルディング」(東京・新宿)を系列の上場REIT(不動産投資信託)である日本ビルファンドに1700億円で売却すると発表。金額もさることながら、有名ビルを手放す判断や、中長期保有が前提の固定資産から直接売却することに関して、さまざまな臆測を呼んだ。

売却理由として、三井不はバランスシートのコントロールを挙げている。同社の連結有利子負債は20年6月末時点で3・8兆円。この5年間で約2倍に膨らみ、大手デベロッパーの中でもとりわけ有利子負債を抱える住友不をも19年末の時点で上回っていた。

三井不は足元では東京・八重洲や米国などで進む再開発への投資がかさむ一方、コロナ禍を受けて手元流動性を確保すべく前倒しで資金を調達した。資産圧縮策として、基幹ビルであっても中核事業でなければ売却に踏み切る判断を下したとみられる。

肩透かしの可能性も

活発な取引が続く不動産だが、実体経済の不振を「無視」し続けられるのか。独立系ファンドのキーストーン・パートナースの堤智章代表取締役は、「リーマンショック時、オフィス賃料のボトムは13年だった。今回もすぐには影響が顕在化せず、2~3年はかかるだろう。不動産に対する銀行の融資も徐々に細っていく」と見通す。物件取得の際、足元では取得額の7~8割を融資で調達できている場合でも、その調達割合が下がるにつれ、投資家が提示できる価格もしぼんでいくという見立てだ。コロナ禍に乗じて参入してきた海外勢にしても、国内の不動産市場で存在感を発揮するには時間がかかりそうだ。「不動産はローカルビジネスの側面が大きい。日本の拠点への権限移譲や運用会社との連携が進まなければ、資金を確保しても物件取得に苦戦する可能性がある」（ＣＢＲＥの辻氏）。

一般企業からの物件放出は、完全な競争入札とはいえない側面がある。ＪＴビルの入札では、高値をつけたことに加えて、決済の心配がなく出自も明確な日本企業であることも住友不が選ばれた一因となったようだ。

物件の売り主がメーカーなどである場合は、提示金額が見劣りしていても、自社製品の購入を確約する企業に売却を優先することもある。意気揚々と上陸したものの、思うように物件取得が進まず肩透かしを食らう海外投資家も出てきそうだ。

先行き不安をはらみつつも、不動産は依然「買い場」。コロナ禍でも、音楽が鳴っている限り、投資家は踊り続ける。

（一井　純）

「京町家バブル」は破裂

もがくホテル　光明は差すか

「入居者募集中」。京都駅から10分ほど歩いた場所に立つ建物に掛かる垂れ幕の文字。一見普通の賃貸マンションだが、実は20年春まではゲストハウスとして運営されていた。

市内でこの物件を含む複数の宿泊施設の運営を受託していた業者は肩を落とす。「家賃の支払いが厳しく、こちらから撤退を申し出たり、オーナー側から用途変更を打診されたりしたケースもあった。コロナ前と比べ運営施設数は4分の1にまで減った」。

運営業者が抜けた物件の中には、冒頭のように急きょ、賃貸マンションへの衣替えを余儀なくされたものもある。

「バブル」破裂後の勝敗

ホテル業界の中でもとくに深手を負ったのが、訪日客に沸いた京都だ。とりわけゲストハウスなどの「簡易宿所」は許可が取りやすく、市内の施設は2015年からの5年間で7倍以上にまで膨らんだ。

背景にあるのが投資家勢の参入だ。新築でも土地代・建築費合わせて1億～2億円程度で開発できる簡易宿所は投資商品として流通し、運営会社が一括で借り上げ家賃保証をする例もあった。ほかの投資商品をしのぐ利回りをたたき出し、「バブル」の様相を呈した。

日本文化を楽しみたい訪日客を当て込み、新興ホテルの多くは京都の伝統的な木造家屋である「京町家」を模した。市内で京町家の再生や不動産仲介を手がける八清（はちせ）の西村孝平代表取締役は「京町家は1950年の建築基準法施行前に建てられたもので、現在では取り入れられないような自然素材を利用した手作りの建て方が多い。が、最近は京町家っぽく仕上げただけの建物が増えた」と語る。実際は外装を京町家に似せただけで内部はアパートと変わらない仕様の物件も少なくないという。

もともと京町家は「当社の場合、富裕層がセカンドハウスとして買い、使わない時期にだけ貸していた。利回りも年6％あれば十分で、大きく儲けるものではない」（西村氏）。近年、宿泊施設が収益物件として成立していたのは訪日客という特需があってこそだった。

当然、訪日客の流入が止まるや否や危機に瀕した。20年6月、京都簡易宿所連盟が行った調査によれば、客室稼働率が5％を切っていると答えた事業者は82％に上った。廃業も相次ぎ、5月からは市内の施設数が初めて純減に。ドミトリー（相部屋）タイプは感染リスクから敬遠され、単価の安さから「Ｇｏ Ｔｏ トラベル」の恩恵も限定的など逆風が続く。

先行きを悲観し物件を手放そうとしても、一筋縄ではいかない。京都市内で不動産仲介を手がける日本収益不動産の井上雄玄代表取締役は、「純粋な投資目的での買い手は見つかりづらい」と指摘する。

市内中心部に立つ築4年のゲストハウスは、想定年間売り上げを4500万円、表面利回り約23％（運営会社の手数料を引くと約12％）として19年に売り出されたが、競争激化により想定売り上げを3100万円に引き下げたものの、買い手がつかぬままコロナ禍が襲来。現在も売り出し中だ。

売り先が見つかるのは、しっかり造られた京町家か、住宅にも転用可能な水準で設計された物件だ。東急リバブル京都四条センターの甲斐俊介センター長は、緊急事態宣言が発出された4月以降、10件ほどの京町家の売却に携わった。「京町家特有の雰囲気は人気がある。宿泊施設として稼働していなくても、実需向け住宅への転用や富裕層のセカンドハウスとして引き合いがある」と話す。

飽和状態に陥った市場はコロナ収束後も視界不良が続きそうだ。

京都簡易宿所連盟の飯田章仁代表は02年からゲストハウス事業を始め、20年3月時点では京都市内で3施設を運営していた。「16年までは問い合わせを断るくらい満室が続いていた」が、投資家の参入が目立ち始めた17年ごろから稼働が落ち込んだ。4月に1施設を閉業し、別の1施設でも家賃を半額にしてもらった。

今後、ホテルなどの宿泊施設は宿泊客目線になれるかが問われる。市内で京町家のリノベーションや宿泊施設の運営を行うレ・コネクションの奥田久雄代表取締役は、「4月は稼働率がほぼゼロまで落ち込んだが、8～9月には例年の8割程度まで回復する施設も出てきた。施設の立地や設備などで二極化が進んでいる」と話す。

レ・コネクションの施設はほかの客と接することのない1棟貸しが売り。6月からは3密回避や、換気を徹底した直営レストランでの食事付きプランも開始。宿泊施設へのデリバリーも検討する。「感染リスクを抑えつつプライベートな空間を提供したい」（奥田氏）。

底は打ったが回復鈍い
—ホテルの客室稼働率推移—

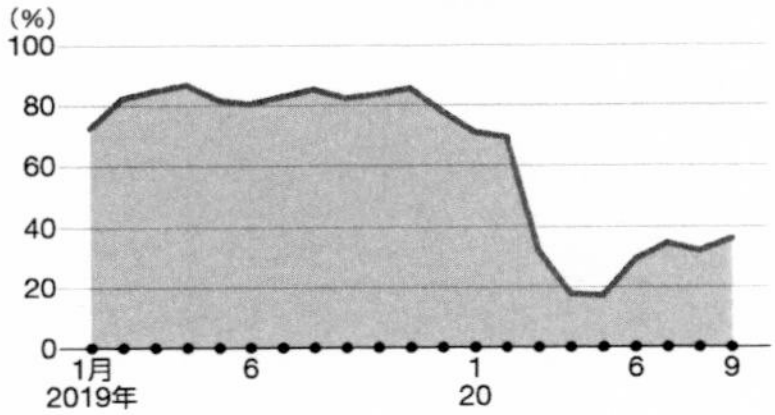

国内客の取り込みがカギ
—延べ宿泊者数推移—

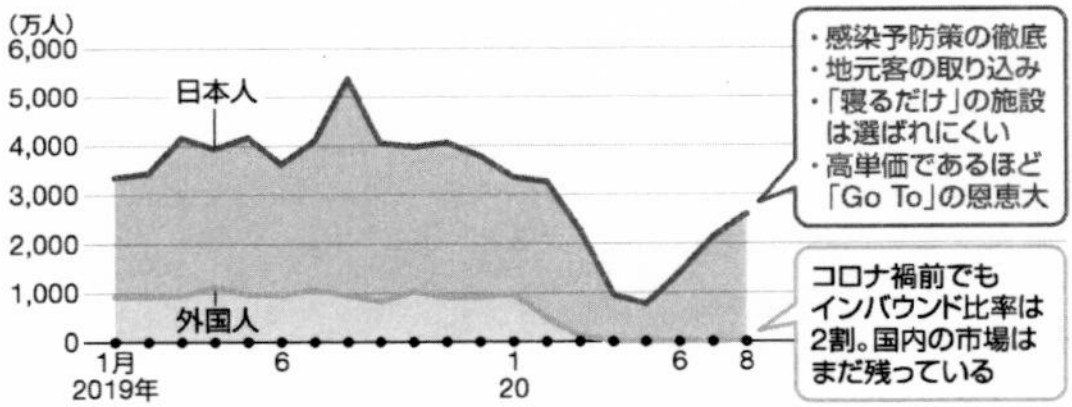

(出所)観光庁「宿泊旅行統計調査」

ホテル経営の「新常態」

京都以外の地域でも、宿泊施設を取り巻く環境は一変した。

ホテル・旅館などの鑑定評価や市場調査を行う日本ホテルアプレイザルの北村剛史代表取締役は、「宿泊客は多少高い料金を払ってでも安心・安全を優先する」と強調する。同氏の試算によれば、1室当たり1500円をかけて感染予防を徹底すれば、宿泊単価に2000円程度を転嫁できるという。

立地についても、旅行消費の中心を担う中高年層は感染リスクを懸念し、公共交通機関ではなく自家用車で旅行に出かける客が増えることが影響しそうだ。「1日に車で移動できる範囲はおおむね200キロメートル圏内で、遠方からの集客は難しくなる。感染症対策の徹底により近場の個人客を取り込めるかがカギを握る」（北村氏）。

近隣都県からの集客が進んだのが、オリックス不動産が10月に神奈川県箱根町に開業した旅館「箱根・強羅 佳ら久」だ。「5割の稼働率を想定していたが、ほぼそれに近い数字になりそうだ」。運営を担うオリックス・ホテルマネジメントの藤井育郎総支配人は胸をなで下ろす。

1泊2食付きで5万円前後だが、ＧｏＴｏトラベルを利用した際の高い割引額の恩恵にあずかった。室内空間に余裕を持たせて設計していたことも奏功した。

運営会社の皮算用

運営会社の間でも新たな動きがある。不動産調査会社コリアーズ・インターナショナル・ジャパンの日ノ下和孝シニアディレクターは、「日本のホテルオーナーは収入の安定する固定賃料を組み合わせたがる。だが最近の新築ホテルなどでは、当初数年間は完全歩合制にする方向で運営会社と交渉を進めている案件もある」と指摘する。オフィス同様、貸し手優位だった契約は岐路に立たされている。

他方で、投資の面では軟調な市況を逆手に取った「逆張り」の動きもある。中堅ホテル運営会社のグリーンズは、上場ＲＥＩＴのユナイテッド・アーバン投資法人が保有するホテル「ザ・ビー六本木」を２０年１０月から賃借、運営する。「１０年に１度のチャンスだ」。清水謙二取締役事業企画本部長は意気込む。

同社は近年、新規出店機会の獲得に苦労していた。が、足元で賃料が下がってきたことで一歩踏み出した。「短期的には赤字が続くだろうが、21年後半〜22年ごろには軌道に乗り長期的には適正なリターンが取れる」（清水氏）。「うちのホテルもお願いできないか」との問い合わせも多く来ているという。

悲観一色だったホテル市場は、ニューノーマルを見据えた動きが一部で出始めた。「施設の差別化」という古くて新しい課題が、改めて突きつけられている。

（一井　純）

「近場からの集客が重要」

オリックスグループ執行役員兼オリックス・ホテル　マネジメント取締役社長・似内隆晃

当社は全国でホテル・旅館の運営を手がけているが、足元の稼働率はホテルがおおむね2～3割、旅館が5～6割だ。

宿泊施設を選ぶ基準が変化している。これまでは立地やアクセスが重視されていたが、現在は安心・安全はもちろん、せっかくの旅行でどうくつろげるかに軸足が移っている。施設そのものが目的地になりうる旅館は選ばれやすい一方、宿泊主体のホテルは厳しい。われわれのホテルの強みはどこかを意識しつつ、商品企画を進める必要がある。

広域移動が難しい環境では近場からの集客が重要だ。神奈川県の「箱根・強羅　佳ら久」は大きな人口を抱えている首都圏にあることが奏功した。3～5割程度の稼働率からスタートし、1年後に軌道に乗ればよいと思っている。

同じく箱根の芦ノ湖で運営している旅館は客単価が約2万円だが、ＧｏＴｏ効果で若い客層の利用が進んでいる。大分県の別府で運営するホテルでは、九州近県からの宿泊客が多い。マイカーで来られる距離にあることも、選ばれる理由の１つだ。

感染者数に一喜一憂

稼働率は感染状況に敏感に反応する。僕らが一生懸命商品企画を立てても、感染者数が増えると宿泊需要は途端に消える。足元の状況がいつまで続くかが見通せず、すでに着手しているものを除いて新規投資もなかなか進めづらい。

それでも、一定の国内需要はある。過度に臆病にならず、消えた需要が戻る確証が持てた段階でアクセルを踏む。

似内隆晃（にたない・たかあき）
１９６７年生まれ。８９年オリックス入社。戦略営業部長、グループ広報部長、オリックス不動産取締役副社長などを経て２０２０年から現職。

「三重苦」商業地の叫び

「街に人が来ない。賃料を下げても問い合わせが来ない」。東京・銀座でオフィスや店舗を仲介する銀座オフィスセンターの尾又啓一営業本部長はこぼす。

一等地のたそがれ

国内屈指の一等地の人通りは今も元に戻っていない。国内買い物客、ビジネス客、訪日旅行客。「みんな消えた。三重苦だ」。都内で店舗仲介を手がける日本テナントサービスの早稲田摂生代表取締役は話す。「こんなによい立地なのに、という区画でも空いている」。

苦境の原因は訪日客の減少だけではない。米不動産サービス会社クッシュマン・アンド・ウェイクフィールドの須賀勲エグゼクティブ・ディレクターは、「国内の買い物客は複数の店舗での買い回りをせずに、目的地にだけ行って帰ってしまう。ビジネスマンも大人数での宴会が制限され、経費を使った外食がしにくい」と指摘する。

コロナ禍以前、商業施設は好立地であればほかの不動産をしのぐ収益を生んだ。周辺相場に縛られやすいオフィスや住宅と異なり、人が集まり売り上げの立つ場所なら、飛び抜けた賃料でも成約できた。だが、今は様変わりした。

JR山手線の御徒町駅と上野駅の間に広がる商店街「アメ横」。コロナ禍前は肩をぶつけずに歩くことが難しいほど、訪日客であふれていた。「アメ横界隈はコロナ以前なら問い合わせが殺到する立地で、場所によっては坪10万円という銀座並みの賃料が取れた。今は逆。賃料などの条件が合うかどうかの次元ではなく、そもそも出店したいという問い合わせがない」。都内で商業店舗の仲介を行うゼン・ランドの真木拓也専務取締役は、街の変わりようを語る。

上野駅西口、不忍池（しのばずのいけ）の南側に広がる一帯はいわゆる「夜の街」

だ。アメ横で働く人たちが利用していたほか、観光客も多かった。9月中旬、記者が訪れるとあちこちのビルでテナント募集の広告を見かけた。どこを歩いても広告が目に入り、50を超えた時点で数えることを諦めた。

都心部の商業地が苦境にあえぐ一方で、好調なのが住宅地だ。「こんなにくっきり違いが出るのか」。首都圏で飲食店舗のサブリースを行うアソルティの伊藤彰代表取締役は驚く。緊急事態宣言発出後、あちこちの飲食店から賃料減免依頼を受けたときのことだ。

上野・御徒町エリアで転貸する7件では全店舗から減免依頼があった。一方で、そこから数百メートルほど離れた湯島や本郷など住宅地に立つ飲食店4件からの依頼はゼロ。「上野では月40万円以上の賃料では成約事例がない。企業の新規出店意欲が消え、わずかに残るのは個人店の需要だけだ」(伊藤氏)。

住宅地が好調なのは、アソルティの転貸先の1つ、東急大井町線戸越公園駅付近のカレー店「戸越ホーカーズ」がコロナ禍でもにぎわっていることからもわかる。店主の長澤徹也氏は「3密回避のため6席を5席に減らした。それでも、8月は客数が3割増えた」と話す。テレワークのおかげでランチ帯の客も増えたという。

商圏が変わった

新しい行動様式は商業施設にとって試練だ。テレワーク普及で「商業地から住宅地へと昼間人口が移動した。商圏が変わってきた」（日本テナントサービスの早稲田氏）。商業施設の多くはテナントの売り上げに連動した変動賃料を採用しており、テナントの売り上げ減少は賃料収入に響く。

多くの商業施設における主力テナントは飲食や物販だ。だが、3密回避で宴会需要はしぼみ、夜間営業の自粛で利益率の高い酒類の提供も制限される。物販店も実店舗の客足が遠のけばEC（ネット通販）へと軸足を移さざるをえない。ECの売り上げは店舗の歩合に反映されないため、商業施設オーナーにとっては歯がゆい事態だ。

収束時期が見通せないため、投資家も慎重だ。「不動産の収益として表面化するまでには時間差がある。現状では商業施設への投資はリスクが大きく、目立った売買事例は見当たらない」（クッシュマン・アンド・ウェイクフィールド・アセットマネジメントの小木康資営業部門統括取締役）。

一方、逆風の中でも出店を決めた店舗がある。「ほかにない料理で差別化を図る」。都内で飲食店を展開するシャングリラインターナショナルダイニングの菊池薫代表取締役は話す。9月末、野村不動産が表参道に開業した商業施設のワンフロアに、きのこしゃぶしゃぶ鍋店を開いた。「立ち寄るのではなく最初からうちに来る顧客を見据えている。すでに既存のファンからの予約が入りつつある」。

都心部の商業施設が生き残るには外出「してまで」行きたくなる店の確保が欠かせない。


（一井　純）

商業施設の収益性に試練

■ 売り上げ減なら家賃負担力を圧迫 —飲食店の収益構造—

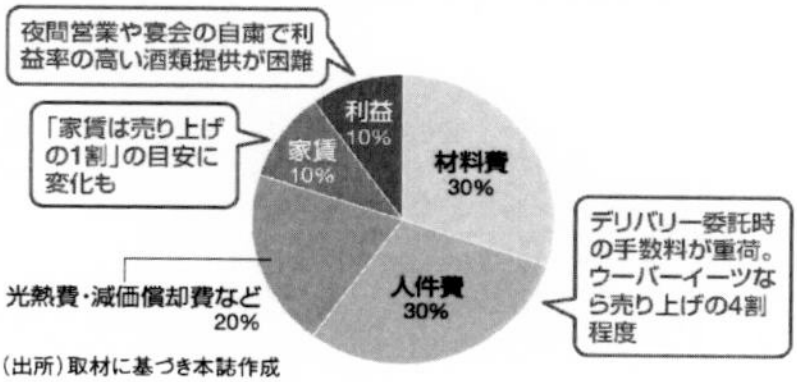

（出所）取材に基づき本誌作成

■ 都心のオフィスビルを超える賃料も
—形態別テナント平均賃料—

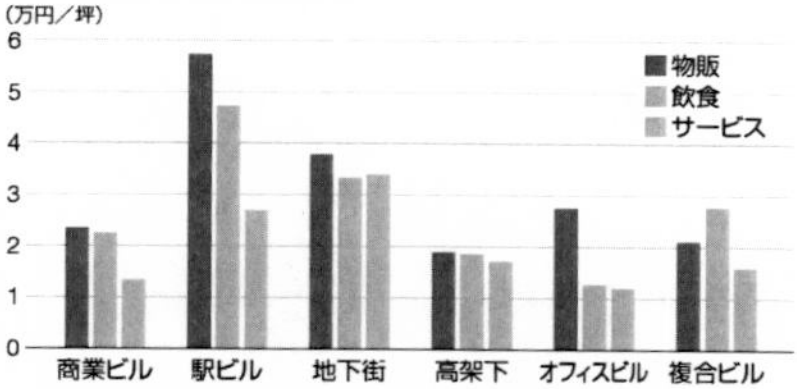

（注）札幌・仙台・さいたま・千葉・川崎・横浜・名古屋・京都・大阪・神戸・広島・北九州・福岡の各市と東京区部の32施設、4061テナントが対象。共益費は含まず
（出所）日本ショッピングセンター協会「SC賃料・共益費」

■ 歩合制が機能不全に —商業施設の変動賃料の仕組み—

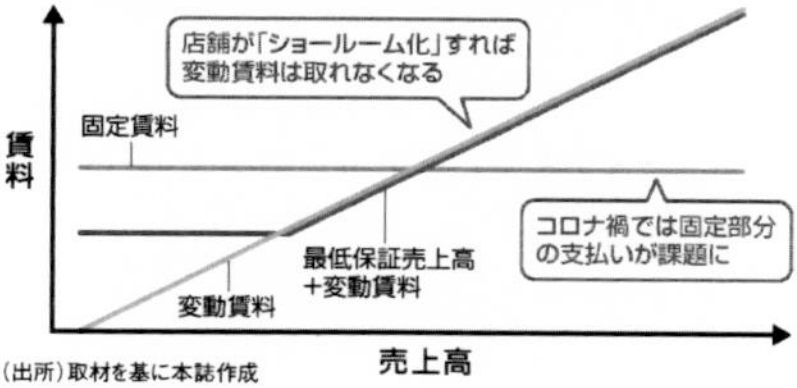

（出所）取材を基に本誌作成

物流施設はコロナで爆騰

「異常な価格だ」。物流施設デベロッパーの幹部は土地の入札結果を知って愕然とした。その物件とは、日本製鉄が東京都板橋区内に保有する鋼管工場（約11万平方メートル）だ。生産拠点の再編に伴い、20年5月に閉鎖された。この跡地の動向が注目されていた。興味を示したのは物流施設を開発する投資家やデベロッパーだ。広大な面積に加えて、東京23区内という希少性の高い立地。不動産業界では「10年に一度の出物」とも評されていた。

その入札が9月に行われた。関係者によれば、デベロッパーや外資系ファンド、生命保険会社までが入り乱れ、総勢20社以上が応札。最高値は坪単価で250万円前後だったようだ。入札に参加した企業は「過熱状態だ」と話す。

同じく9月には、JFEグループが神奈川県内に保有する工業団地も入札にかけられた。記事執筆時点では最終的な落札者はまだ決まっていないが、同じく物流施設の開発を企図する企業が多数応札したようだ。

需要は底なし

「一人気を吐く」とはまさにこのことだろう。コロナ禍の不動産業界にあって、唯一活発な投資が行われているのが物流施設だ。「巣ごもり」に伴いEC(ネット通販)需要が拡大。荷物を保管・配送するために物流施設の引き合いが一層強まった。

アマゾンジャパンは8月、首都圏で新たに4カ所の物流拠点を開設すると発表。延べ床面積は4施設合計で35万平方メートルにも達する。

物流施設がここまで脚光を浴びたのは最近のことだ。もともとは運送会社が自用で倉庫を保有していたが、2000年代に入ると投資家が物流施設を開発・賃貸し始めた。当初は外資系ファンドが開発を牽引し、国内デベロッパーは収益性を疑問視して静観を続けるか、利回りを保守的に見積もって恐る恐る開発に動き出した。

が、ECの拡大が顕著になると国内勢も続々と参入。近年でも17年に日鉄興和不動産、18年に東京建物、そして20年3月にはサンケイビルが物流施設開発に乗り出した。2002年から日本で物流施設開発を手がける日本GLPの帖佐義之社長は、「10年前と比較しても、事業者数は3倍程度にまで増えた」と語る。

ホテルや商業施設が軟調で、オフィスの先行きにも不透明感が漂う中では、需要の底堅い物流施設は魅力的な投資先だ。東証マザーズ上場の不動産会社、霞ヶ関キャピタルもこの6月に物流施設開発の専門部署を立ち上げた。同社はもともと長期滞在型ホテルを開発していたが、訪日客の流入停止を受けて路線を変更。現在千葉県湾岸部や埼玉県内陸部で、物流施設の開発を進めている。

同社の杉本亮執行役員物流事業本部長は、「大手物流不動産開発企業は数万坪という大型施設の開発を中心としており、数千坪の中小型はあまり競合がいない。冷凍・冷蔵機能を搭載するなど、商品設計の差別化を図っていきたい」と話す。投資家からも「物流施設が欲しい」という声が圧倒的だという。

相次ぐ供給に対しても、需要はついてくるというのが業界の見方だ。「多くの企業から入居の申し込みがあった」。物流業務のコンサルティングを行うダイワコーポレーションの飯田真之営業本部課長は、活況を呈する物流施設のリーシング現場についてそう話す。

同社は2019年10月、神奈川県大和市で日本生命保険が開発した「ニッセイロジスティクスセンター横浜町田」を1棟借りし、テナントの希望するスペースに合わせて区分けし、転貸を行った。延べ床面積約9・5万平方メートルという大型施設だが、さまざまな業種から賃借の申し込みがあり、開業から程なくして満床になった。現地を訪ねると、庫内には配送を待つ荷物がうずたかく積まれていた。

当然、競争激化で用地の価格は高騰。利回りは低下の一途をたどっている。首都圏の消費地に近く、高速道路のアクセスもよい千葉県や神奈川県の湾岸部などでは、利回りは都心部のオフィスビル並みにまで下がっている。

その高騰ぶりは、当時「高値づかみ」と揶揄されていた案件でさえ、今では「適正価格」と評されることからもうかがえる。その一例が、19年9月に入札が行われた千葉県習志野市の市有地（約1・4万平方メートル）だ。物流施設系のファンドや地元の製材会社など9社が入札に参加。最終的に落札したのは東京建物だった。

この物件の落札金額が開示されると業界から驚きの声が上がった。投資家勢が30億円台後半で札を入れたのに対して、東京建物の落札金額は52億円と突出していたからだ。

それでも同業他社からは、「立地がよいため需要は根強い。今から考えれば、高い値段を出してでも取得しておけばよかったかもしれない」という声が漏れる。

「説得」しやすい

投資家がこぞって物流施設を買いたがる背景には、別の事情も見え隠れする。「投資家を『説得』しやすいんだ」。外資系不動産ファンドの運用担当者は打ち明ける。

複数の投資家から資金を集めて不動産を取得・運用するファンドは、どんな不動産を取得するか、その狙いは何かを投資家に説明する必要がある。足元では、ホテルや商業施設は投資家の理解が得られにくく、オフィスビルについても「なぜ今あえてオフィスなのか。テレワークの影響はないのか」と後ろ向きの反応がある。

他方で、物流施設は「わかりやすい成長ストーリーが描きやすい」（外資系不動産ファンドの運用担当者）。「ECの需要が拡大する、だから物流施設の需要も伸びる」という説明は投資家の賛同を得やすく、結果的に物流施設の取得が進む。

物件の規模が大きいことも好まれる一因だ。物流施設以外で現状安定している不動産は賃貸マンションだが、投資家向けのコンパクトタイプは1棟当たり数億円と規模が小さく、数棟まとめて取得しないと予算が消化できないうえ、手数料もかさむ。

この点、物流施設なら中小型でも1棟で数十億円、大型なら数百億円規模で取引される。投資先が限られる中、各投資家から集めた資金を遊ばせておくわけにはいかない機関投資家にとっては、一度に多額の資金を投じられる物流施設は好都合だ。

物流施設に「こそ」投資するべき。物流施設「しか」投資先がない。両方の事情をはらみつつ、今の不動産投資市場は物流施設を抜きにしては語れなくなっている。

（一井　純）

銀行員が注視する「2023年問題」とは?

「貸せるところと貸せないところの差が一段と鮮明になっている」。不動産向け融資を担当する首都圏の銀行員は、近頃の融資環境についてそう語る。

新型コロナウイルスの猛威が広がり始めた2020年3〜4月、銀行業界では、不動産向け融資を厳格化すべきだという見方が強まった。外出自粛で飲食店などの収入が激減し、商業用不動産の家賃収益低下がはっきりし始めたからだ。しかし、苦境に陥った企業への実質無利子無担保融資を日本政策金融公庫や民間銀行がスタート。政府からの家賃支援給付金も始まった。足元で不動産向け融資全体を絞る動きにはなっていない。

しかし、子細に見ていけば話は別だ。融資できる不動産とできない不動産の差が開きつつある。

貸せない不動産の代表として真っ先に挙がるのがホテルだ。国内外の移動制限によって稼働率が大幅に低下。訪日外国人需要の回復もしばらく見込めない。「今のホテルのように貸し倒れリスクの高い案件は、貸出金利をいくら引き上げてもそのリスクをカバーできない」（前出の銀行員）ため、どうしても、融資するか、融資しないかの2択になってしまう。

大手銀行、りそな銀行の福田修平・不動産アセットマネジメント室長によると、「コロナ禍以降もホテル向けの新規融資はあった。しかし、実行したのは他の事業も含めた資金が豊富な借り手向けに限られる」という。

コロナ禍前まで、銀行界はホテル向け融資に積極的だった。銀行は選ばれるための金利競争が激しかった。その中で融資残高を伸ばしてきた首都圏のある地方銀行の行員も、「これまでと打って変わって、ホテル向け融資の大半をやめざるをえなくなった」と明かす。

ホテルと同じくらい融資が出づらくなっているのが商業施設だ。とくに厳しいのが、飲食業が中心の地域にある物件。東京でいえば、銀座や歌舞伎町などにある商業施設に対して銀行は厳しめの見方をしている。

不動産融資には前向き

ホテルや商業施設など特定の分野に対して融資が出づらくなっていることは間違いない。だが、前出の福田氏は「銀行の全体としての融資方針はコロナ禍前と比べ大きく変わっているわけではない」と語る。融資を判断する際の基準を厳しくしたわけではなく、融資先の期待収益が悪化し基準を下回るケースが増えたため、ホテルや商業施設に融資しづらくなっているだけだという。

他行の多くも「不動産向け融資に対する銀行としてのスタンスはコロナ禍前と同様、前向きなまま」（複数の銀行員）だという。収益が大きく悪化することはないと見込める案件については、不動産といえども依然として銀行同士の金利競争が続いているという。

例えば、ネット通販向けに需要が拡大し、物件価格が上昇傾向にある物流施設に対しては「まだまだ融資を増やしていきたい」（首都圏の銀行員）という声が多い。物流施設の収益は長期的に安定していることが多いので、融資しやすいという。

在宅勤務の増加で需要減少が指摘されるオフィスについても、「最近はむしろ、オフィスの必要性を再認識し、拡張したいので融資をしてほしいという申し込みが増えつつある。オフィス需要は底堅い」（同）という。

個人向けの投資用不動産ローンや住宅ローンについても、「コロナ禍の影響はさほど受けていない」（オリックス銀行の真保雅人氏）という。カネ余りの状況が続く中で、投資対象としての不動産の魅力は高いままだ。

スルガ銀行のシェアハウス向け融資問題が2018年に発覚して以降、高すぎた投資用不動産の価格は調整局面に入っているものの、大幅な価格下落にはなっていない。在宅勤務をする人が増えたことで住居の需要は底堅さを増している。家で働くスペースを確保したいと、郊外での住宅需要も高まりつつある。

住宅は供給面の懸念も払拭されそうだ。コロナ禍前、マンション事業者はホテルや商業施設の事業者に用地取得で買い負けていた。しかし最近は、マンション用地の取得が進んでいる。訪日外国人需要の減少で民泊事業者が減り、一般の住居用物件も増えつつある。

多くの銀行は、スルガ問題以降、投資用不動産ローンを縮小する傾向にある。オリックス銀行は「競合は少なく、融資を伸ばしていける」（真保氏）ともくろんでいる。

3年後、5年後を注視

緊急事態宣言発出中を含む4～6月期、銀行の総貸し出しは大きく増えた。しかし、不動産業向け貸し出しの伸び率は、総貸し出しほど高くはない。その理由は大きく分けて2つある。

■ 不動産業に対する貸し出し増は限定的
―貸出先別貸出残高伸び率の推移―

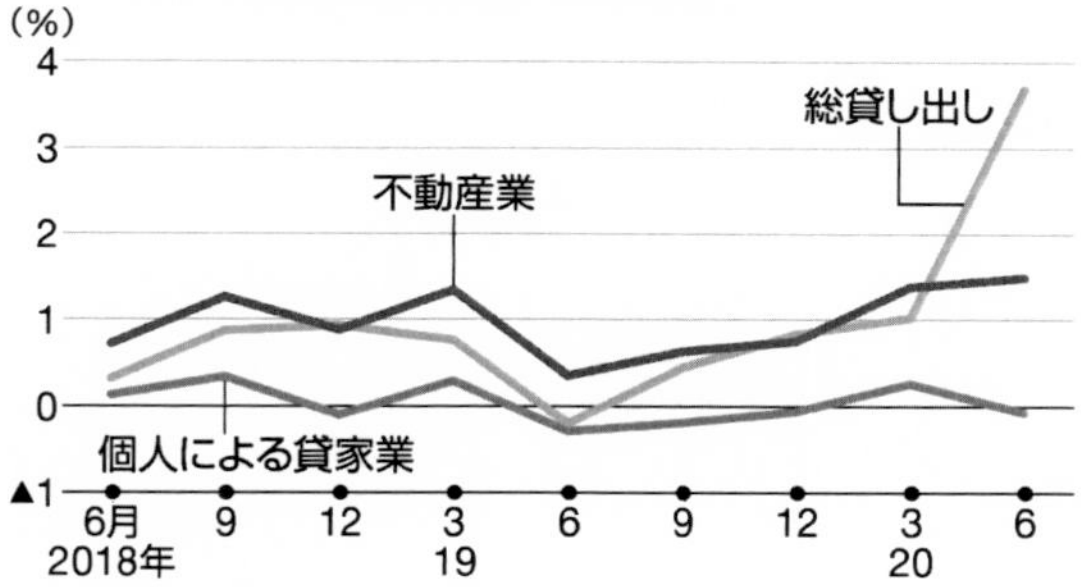

(注)▲はマイナス　(出所)日本銀行

1つ目は借り手側の事情。外出自粛要請で、現地に行って物件を確認することが難しくなり、投資の判断ができない人や企業が増えた。その結果、不動産の取引量そのものが縮小してしまった。投資意欲はあるが判断を先延ばしにしているケースも多い。

もう1つは貸し手の事情。コロナ禍以降、銀行は一般事業会社の資金繰り支援に手いっぱいだった。企業の倒産を阻止し、経済の悪化を防ぐことが最優先で、不動産向け融資は不急の業務とされた。融資相談や審査に当たる行員は不動産融資の案件よりも資金繰り支援の案件に振り向けられることが多く、不動産向け融資は停滞した。

ただ、資金繰り支援への行員シフトは一時的。最近は元の状態に戻りつつある。7月以降は、ホテルや商業施設以外の分野で不動産融資の伸び加速が予想される。

しかし、不動産融資の積極姿勢がいつまで続くかは不透明だ。リーマンショックを経験したベテラン銀行員は「数年後には不動産融資を厳格化しなければならなくなる可能性がある」と指摘する。

そのきっかけとして懸念されるのは、全体的な融資環境の悪化である。

無利子無担保融資で企業の資金繰りは一息ついている。だが、コロナ禍が長引くと、企業の資金は再び底を突く。無利子無担保融資を支えているのは、政府の予算を背景にした信用保証協会による保証だ。政府が今後も同規模の予算を組めるとは限らない。これからは信用保証協会による保証が十分ではない中、銀行自らがリスクを取った融資を行う必要性が高まる。

その際には、「融資をするかしないか、取引先を選別することになる」（メガバンク幹部）。融資を受けられない企業は倒産に追い込まれ、銀行は融資を回収できなくなる可能性がある。そうしたことが重なり多額の不良債権の発生懸念が高まると、銀行は全体的な融資方針を厳格化せざるをえない。

そうなれば、不動産向け融資が出にくくなることに加え、経済全体の悪化から不動産価格の下落も起きるだろう。融資基準を満たせない案件も増え、不動産融資がますます出づらくなるという負のサイクルに陥る。

これらの懸念が現実化するタイミングと予想され金融界で注視されているのが、「2023年問題」と「2025年問題」だ。

日本政策金融公庫や民間銀行による無利子無担保融資は、実行後3年目まで無利子だが、それ以降は利子がつく。また、元本返済を猶予する期間も5年までで、それ以降は元本の返済が求められる。3年後、5年後に融資環境が悪化するリスクについては意識しておくべきだろう。

（藤原宏成）

先手を打ったのは小田急電鉄

ついに始まる新宿再開発

東京都内における再開発の主役はおよそ10年周期で入れ替わる。2000年代は六本木ヒルズ、東京ミッドタウンを主軸とした六本木エリアが主役だった。

10年代の主役は渋谷駅周辺エリア。12年開業の渋谷ヒカリエを皮切りに、19年11月には渋谷駅直上に高さ230メートル、地上47階建ての渋谷スクランブルスクエア東棟、12月には東急プラザ跡地に地上18階建ての渋谷フクラスが開業した。さらに20年に入ると1月に銀座線の渋谷駅に新駅舎が誕生、6月には山手線から遠く離れた場所に位置していた埼京線ホームが山手線ホームと並列化し、利便性が大幅に改善された。

その渋谷駅に続き変貌を遂げようとしているのが、20年代の主役になるであろう新宿駅エリアだ。20年7月、新宿駅地下に東西を結ぶ自由通路が完成した。それまでの東西の移動は新宿駅北側の地下道やガード下を通るか、南口前の甲州街道に回るかしかなかったが、新宿駅の中央を貫く新たな通路ができたことで、東西の動線が明確になった。

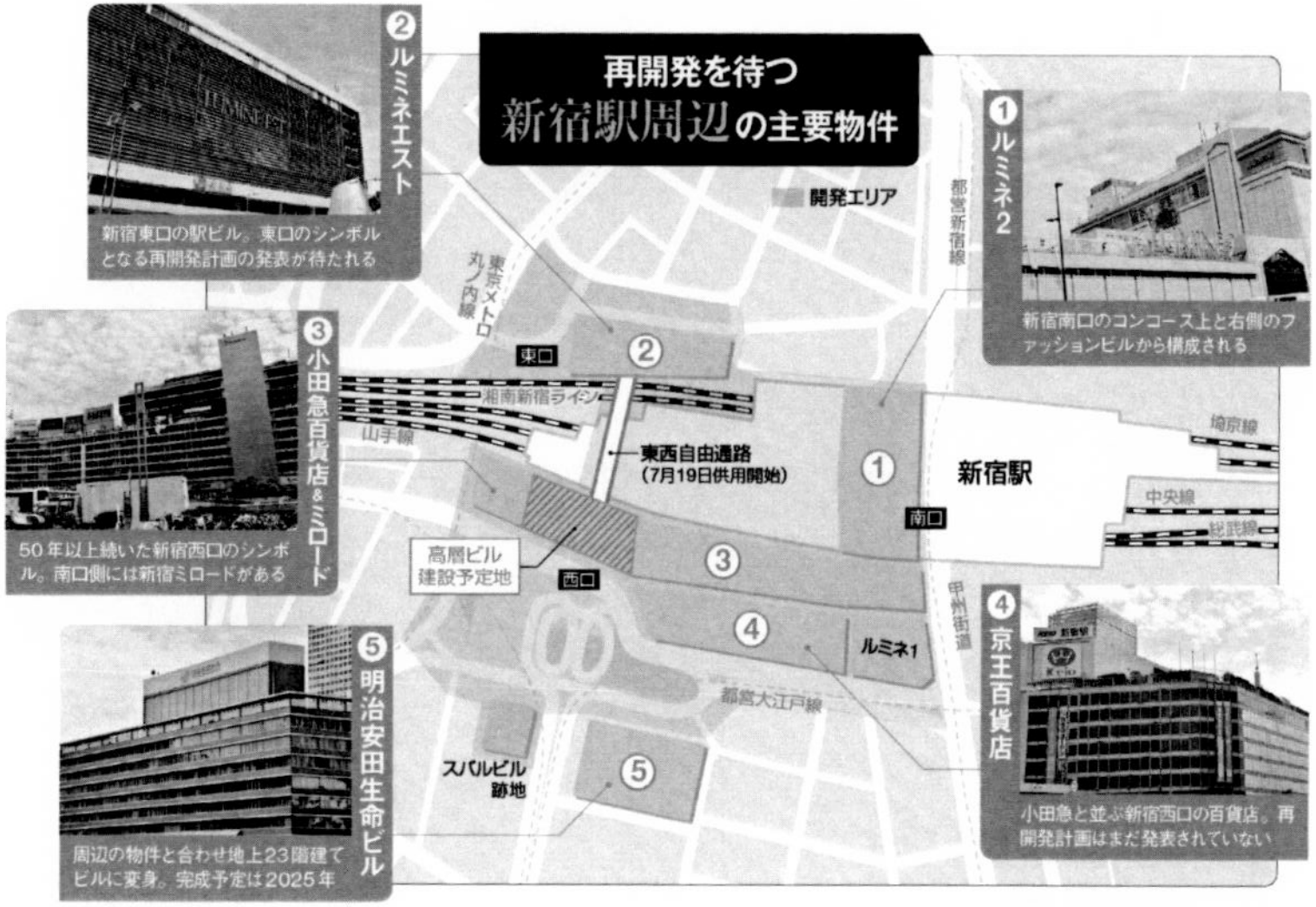
再開発を待つ
新宿駅周辺の主要物件
開発エリア
①ルミネ2
新宿南口のコンコース上と右側のファッションビルから構成される
②ルミネエスト
新宿東口の駅ビル。東口のシンボルとなる再開発計画の発表が待たれる
③小田急百貨店&ミロード
50年以上続いた新宿西口のシンボル。南口側には新宿ミロードがある
④京王百貨店
小田急と並ぶ新宿西口の百貨店。再開発計画はまだ発表されていない
⑤明治安田生命ビル
周辺の物件と合わせ地上23階建てビルに変身。完成予定は2025年
新宿駅
東口
西口
南口
東西自由通路
(7月19日供用開始)
高層ビル
建設予定地
ルミネ1
スバルビル
跡地
東京メトロ丸ノ内線
湘南新宿ライン
山手線
都営新宿線
甲州街道
都営大江戸線
埼京線
中央線
総武線

この自由通路は都と新宿区が18年に発表した「新宿グランドターミナル」計画の一環だ。新宿駅、東西の駅前広場、駅ビルを一体化した大型の再開発で、すでに完成した地下の自由通路のほか、線路上空にも東西をつなぐデッキを設ける。東西の駅前広場は車優先から歩行者優先に再編成する。新宿駅に乗り入れるJR東日本、小田急電鉄、京王電鉄、東京メトロに加え、歌舞伎町付近に駅を構える西武鉄道も事業者として名を連ねる。

新宿駅再編に伴う駅ビル開発で口火を切ったのは小田急だ。同社は小田急百貨店が入居するビルをはじめ、新宿駅西口に複数の物件を保有する。11年には駅西口前にある新宿スバルビルを取得するなど、都や区が計画を発表するずっと以前から西口再開発に意欲を燃やしていた。新宿グランドターミナル計画が浮上したことで、小田急の計画もその一環として策定されることになった。

都庁よりも高いビルに

小田急が建設するのは高さ260メートル、地上48階の大型複合ビル。低層階が商業施設、高層階がオフィスとなる。「スクランブルスクエア東棟と同程度の規模感」と小田急の担当者は話す。22年度に着工し、29年度の完成を目指す。完成後は高さ243メートルの東京都庁舎を抜き、新宿西口の新たなランドマークとなる。小田急の敷地に隣接する東京メトロの敷地も使うため、両社の共同事業となる。

モザイク通りと呼ばれる京王百貨店裏手のショッピング街も再開発エリアに含まれる。甲州街道に面する小田急のファッションビル・新宿ミロードも、1984年竣工とさほど築年数は経過していないが建て替えられる予定だ。

29年度竣工予定の新たなビルには「現在の小田急百貨店と同じ規模」（小田急の担当者）の商業施設の入居を計画中。百貨店とは限らず、ショッピングモールになる可能性もある。新宿西口には京王プラザホテルなど鉄道系ホテルが複数あることから、「ホテルの入居は考えていない」（小田急）という。再開発を視野に取得したスバルビルはすでに解体されているが、跡地にビルは建てられず、広場として活用される。スバルビルの敷地を広場にしたことで、その分の容積率を高層ビルに上乗せした。

気になるのは、小田急百貨店と同じく西口にある京王百貨店のビルと、東口にあるJR東日本系のファッションビル・ルミネエスト新宿、および南口にあるルミネ1、ルミネ2の動向だ。とくに京王百貨店のビルとルミネエストは完成から半世紀を経ており、この機会に再開発されることが確実視されるが、京王・JR東日本ともに担当者は「まだ話せる段階ではない」と言う。

グランドターミナル計画ではルミネエストのある場所にテラスが整備されるが、その上に高層ビルのようなイラストが描かれている。ということは、東口にも高層ビルが建設され、東西のツインタワーになるのだろうか。

新宿駅の周辺ではほかにも再開発の動きがある。新宿駅西口の正面にある明治安田生命ビルも隣接する中小ビルと合わせ建て替えられ、25年に地上23階建てのビルに生まれ変わる。また、西口にあるヨドバシカメラなどの量販店や飲食店などが立ち並ぶエリアでは、地主や事業運営者らが再開発の方向性や手法に関する協議会を15年から行っている。議論の結果次第では、このエリアでも小規模ビルをひとまとめにして大型の建て替えが行われる可能性がある。

渋谷と差別化できるか

1990年代の終わりごろから2000年代初頭にかけ、渋谷には多くのIT企業が集結し、渋谷は「ビットバレー」と呼ばれていた。その後、これらの企業は業容拡大によってオフィスが手狭となり、ほかの地域に移転してしまった。しかしその後、渋谷に次々と誕生したオフィスビルには米グーグル日本法人やミクシィなどの大手IT企業が本社を構えるほか、渋谷再開発を主導する東急は渋谷区と共同でスタートアップ企業の支援に取り組む。渋谷は往時のビットバレーの輝きを取り戻したように見える。

一方、今回の新宿再開発について小田急は「ビジネス創発機能を整備し、イノベーションを創出したい」と意気込むが、渋谷との違いはあいまいだ。新宿駅は1日約380万人が利用する世界一のターミナル駅だ。その特徴を生かしつつ、独自性のある再開発を行えるかが成功のカギとなる。

（大坂直樹）

名古屋で交錯する楽観と悲観

名古屋市中心部のシンボルである名古屋テレビ塔が20年9月中旬、耐震改修工事を終え公開された。1954(昭和29)年開業の電波塔は、ホテルや展望台を備えた観光施設にリニューアル。足元の南北約900メートルに広がる久屋大通公園北エリアとテレビ塔エリアも、一体整備された。

開発を担った三井不動産の広川義浩・商業施設本部長は「全国で展開しているわれわれのノウハウを結集した」と強調する。ミストが立ち込める水盤の周りは写真を撮る人が絶えず、公園内に立つ高級ブランドやスイーツの店舗には行列ができることも多い。

ただ、本来はもっとにぎわっていいはずだった。当初の開業予定は東京五輪の開幕直前、20年7月下旬だった。同じく園内にあるスポーツ関連テナントの店員は「公園全体が五輪に照準を合わせて準備していた。コロナ禍も収まらない中での営業は厳しいが、21年に向けて頑張っていくしかない」と肩を落とす。一時期の「元気な名古屋」から比べれば、街全体に、ひっそりとした空気が漂っている。

リニア延期で「余裕」も

オフィス空室率も上昇している。名古屋ビジネス地区の9月の平均空室率は3・05%と5カ月連続で上昇（三鬼商事調べ）。高層ビル完成ラッシュとなった3年ほど前の水準に戻った。

名古屋にとってはコロナに加えて、リニア中央新幹線の行方が大きな不確定要素となっている。静岡県との水問題が解決できず、JR東海は2027年の開業の延期を表明。リニア駅を前提とした街づくりを進めてきた名古屋にとって痛手は大きく、9月に国が示した基準地価で名古屋駅周辺が落ち込んだ要因は「コロナとリニア」との指摘がもっぱらだった。

ところが、地元は悲観論一色ではない。駅西地区で不動産業を営む名古屋駅太閤通口まちづくり協議会の河村満・事務局長は「リニアの街づくりはこれからで、開業延期でむしろ時間の余裕ができた」と話す。名古屋全域の街づくりに詳しい名古屋工業大学の伊藤孝紀・准教授も「(コロナ後の建築物などには)仕事場、住居、あるいはカフェにもなるように転用されたり、つながり合ったりする空間が必要とされるだろう。道路と公園が広い名古屋では、そんな街づくりができる余地がある」と展望する。

悲観と楽観の交錯する名古屋が行き着く終着駅は、どんな形か。

(ジャーナリスト・関口威人)

ようやく動き出した再開発も及び腰

大阪、出遅れた好景気に冷や水

「景気回復は東京より遅れるくせに、落ちるときは一緒」。大阪地盤のデベロッパーの幹部が自嘲気味に話していたことが、現実味を帯びている。

リーマンショック後、大阪のオフィス市況は東京より回復に時間を要した。一因は2013年に大阪駅前に供給された「グランフロント大阪」だ。計3棟の超高層ビルで、オフィス用途の延べ床面積の合計は約23・6万平方メートル。オフィス市場は一気に飽和状態となり、当のグランフロント自身も開業時の契約率は約2割と低迷した。

オフィスを供給しても需要がない――。テナント確保に苦しむグランフロントの姿が、デベロッパー各社の脳裏に焼き付き、新築オフィスビルの供給機運はしぼんでいった。

代わって台頭したのが、訪日客需要に沸いたホテルだ。厚生労働省によれば、大阪市内のホテルや旅館の客室数は15年度からの3年間で3万室以上も増加した。土地の入札でも高い金額を提示するホテルに対して、オフィスが負けることも少なくなかった。

新規供給だけでなく、既存ストックも縮小していく。8月に関電不動産開発が市内に開業したホテルは、自社のオフィスビルを建て替えたものだ。

逃げ水のような市況

景気が徐々に上向き、オフィス空室率が低下すると、ようやく開発の機運が高まる。18年にはリーマンショックを受け延期になっていた旧大阪中央郵便局跡地の再開発が動き出した。淀屋橋でも総延べ床面積20万平方メートル超のツインタワー計画が始動。しかし、不動産市況の好転に不動産業界がようやく自信を持ち始めた直後、コロナ禍に冷や水を浴びせられた。

ホテル開発の勢いも急速にしぼみ、市内では運営会社不在のまま1棟売りされるホテルが出現。REITの投資法人みらいは、市内のビジネスホテルをオフィスビルに用途変更した。が、底ばいだったオフィス空室率も上昇の兆しを見せている。

上昇局面では自信を持てず、満を持して開発に乗り出すやいなや変調を来す。逃げ水のような景気循環に対して、大阪の不動産業界は再び及び腰になっている。

（一井　純）

■ 空室率は底ばいから上昇へ —大阪市内のオフィス市況—

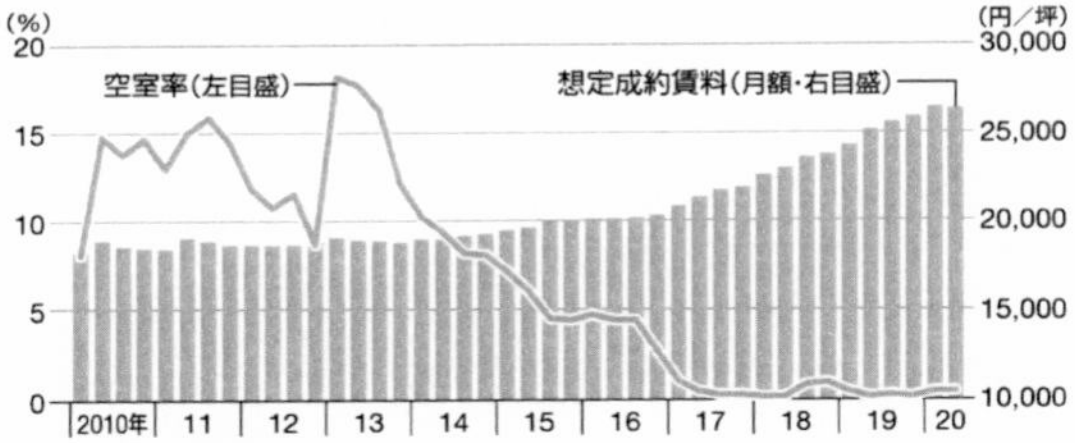

(出所)CBREの調査を基に本誌作成

「テレワークは揺り戻す　オフィス需要は不変」

東急不動産社長・岡田正志

感染予防にテレワーク。立ちはだかる課題に、オフィスはどう対処すべきなのか。

――テレワークが急速に普及しています。

テレワークや働き方改革の流れはコロナ禍以前からあった。ただ、流れが速まったことで、5年先、10年先に訪れるはずだった世界に今、直面している。

他方で、現状ではテレワークのよい面ばかりが強調されている。間違いなく揺り戻しが来るだろう。社員同士が顔も合わせられない中では、一緒に組織を成長させようという意欲は生まれづらい。コミュニケーションの大切さやオフィスの意義が見直されるはずだ。

働き方が多様化する中では、オフィスも単に事務作業をこなす場ではなくなってくる。機能的なオフィスを構えることで社員同士のコミュニケーションを促したり、人材採用に有利になったりする。リーマンショック時のように、コストだけを重視して賃料の安いビルやエリアに移ることは難しいのではないか。

――ですが、おひざ元の渋谷区はオフィス空室率が上昇しています。

渋谷が「オフィス不要論」の象徴のようにいわれているが、当社のオフィスビルの空室はそれほど増えていない。渋谷区全体を見ても同様だ。確かに、コロナ禍以前の渋谷には過熱感があった。2年ほど前から、いつピークアウトしてもおかしくないと感じていた。だから足元の動きに対して大きな驚きはない。引き続きスタートアップ企業の支援やシェアオフィスの拡大などを通じて渋谷の魅力を高め、競争力を磨いていく。

ビルも差別化が必要

――東京・竹芝で最先端技術を搭載したスマートビル「東京ポートシティ竹芝」が9月に開業しました。非接触技術やロボットなど、コロナ禍に即した設備があります。

他社が手がけない「フロンティア」を開拓するのが当社の社風だ。竹芝は老朽化が進み、開発から取り残される危機感があった。だから再開発への理解も得られ、テクノロジーを活用して街の仕組みをつくる事業を進められた。駅近や大規模なら選ばれる時代ではなく、ビルも差別化が必要。その一環でスマートビルを造っていたら、期せずしてコロナ対応になった。

2012年に東京・目黒に竣工した「新目黒東急ビル」は外で働くことをコンセプトに、屋外テラスを設けて電源やWi-Fiを設置した。それが今、働き方改革や感染予防に生きている。

コロナの収束具合を予測して先回りすることは難しい。コロナに振り回されるよりも、テナントや従業員が快適に働くためにどんな環境が必要かを考えていけば、おのずと時代に即したビルになる。

（聞き手・一井　純）

岡田正志（おかだ・まさし）
1958年岡山県生まれ。82年東急不動産入社。2010年執行役員商業施設事業本部長、14年取締役常務執行役員都市事業ユニット都市事業本部長などを経て20年4月から現職。

INTERVIEW　不動産トップに直撃「ニューノーマル」の処方箋②

「コロナにうろたえるな『子ども事業』に勝機」

ヒューリック 会長・西浦三郎

他社に類を見ない「子ども教育事業」に照準を定めた。どんな勝算があるのか。

――コロナ禍の影響は？

コロナはこの1～2年の問題。あたふたする必要はない。リーマンショックのときも大恐慌が起こるといわれたが、結局は収まった。コロナにせよ、もしかしたら21年後半には元に戻る可能性もある。

私はテレワークには否定的だ。社員の教育はテレワークではできない。物件にしても、取締役会に上がった（投資対象）物件は大体見に行っている。人の流れはどうか、隣地は買えそうかなどを現地で確認する。物件をビデオで映して、「よい、悪い」と論じるのは違う。

保有する賃貸ビルの空室率は、21年4月までの解約通知を含めても0・8％。駅から近くて安心・安全なビルの需要は根強い。東京が「ＧｏＴｏトラベル」の対象になった途端、当社が運営する有楽町や浅草のホテルはすぐに予約が入った。アンケートを取れば、日本は依然行きたい国で第1位。うろたえる必要はない。

連続増益への次の一手

―― そんな中、9月に子ども教育事業への参入を表明しました。

子どもの数は減っていくかもしれないが、共働き世帯の増加に加えて子や孫に教育資金を一括贈与する際に1500万円までなら非課税になる制度が創設されたことで教育への投資は拡大するだろう。

具体的には、テナントを入れた商業施設を開発する。社内では「子どもデパート」と呼んでいる。われわれが土地を買いビルを建て、スポーツクラブや塾、保育所などのテナントに入ってもらう。子どもが熱を出したときに預けられるクリニックや、お母さんが時間を潰せる喫茶店をつくってもいい。

――具体的な開発計画は？

120～130坪くらいの土地でJR中央線や東急線の沿線など所得の高いエリアでの開発を考えている。東京・自由が丘などは業務提携したコナミスポーツやリソー教育からも引き合いがある。20～30カ所ほど検討している。子どもの数は減っていくが、子ども教育事業の対象は比較的所得の高い世帯だ。その層に絞って展開すれば十分採算は合う。賃貸収入に加えて教育関係の会社をM&A（合併・買収）すれば、それなりの規模に育つ余地はある。

――2月に発表した中長期経営計画では、経常利益を年間100億円増やすと表明

しました。

コロナ禍が長引いたり大地震が起きたりすれば計画はぶれるが、達成しなければならない。そりゃ苦しいよ、ホテルは3カ月売り上げゼロでも人件費がかかっているわけだから。でもそれをどうカバーするか考えるのが仕事。新しい事業の柱を設けることは、それを達成する1つの方法になりうる。

（聞き手・一井　純）

西浦三郎（にしうら・さぶろう）

1948年東京都生まれ。71年富士銀行（現みずほ銀行）入行。取締役副頭取を経て、2006年日本橋興業（現ヒューリック）社長就任。16年から現職。

【週刊東洋経済】

本書は、東洋経済新報社『週刊東洋経済』2020年10月31日号より抜粋、加筆修正のうえ制作しています。この記事が完全収録された底本をはじめ、雑誌バックナンバーは小社ホームページからもお求めいただけます。

小社では、『週刊東洋経済 eビジネス新書』シリーズをはじめ、このほかにも多数の電子書籍ラインナップをそろえております。ぜひストアにて**「東洋経済」**で検索してみてください。

『週刊東洋経済 eビジネス新書』シリーズ

No.337　強い理系大学
No.338　世界史&宗教のツボ
No.339　MARCH大解剖
No.340　病院が壊れる
No.341　就職氷河期を救え！
No.342　衝撃！　住めない街
No.343　クスリの罠・医療の闇
No.344　船・港　海の経済学
No.345　資産運用マニュアル
No.346　マンションのリアル
No.347　三菱今昔　150年目の名門財閥
No.348　民法&労働法　大改正
No.349　アクティビスト　牙むく株主
No.350　名門大学　シン・序列

No.351　電機の試練
No.352　コロナ時代の不動産
No.353　変わり始めた銀行
No.354　脱炭素　待ったなし
No.355　独習　教養をみがく
No.356　鉄道・航空の惨状
No.357　がん治療の正解
No.358　事業承継　M&A
No.359　テスラの実力
No.360　定年消滅
No.361　激動の半導体

週刊東洋経済eビジネス新書　No.362
不動産　勝者と敗者

【本誌（底本）】
編集局　一井　純、梅咲恵司
デザイン　佐藤優子、杉山未記、熊谷直美
進行管理　下村　恵
発行日　2020年10月31日

【電子版】
編集制作　塚田由紀夫、長谷川　隆
デザイン　大村善久
表紙写真　尾形繁文
制作協力　丸井工文社

発行日　２０２１年６月１７日　Ver.1
発行所　〒１０３‐８３４５
東京都中央区日本橋本石町１‐２‐１
東洋経済新報社
電話　東洋経済コールセンター
０３（６３８６）１０４０
https://toyokeizai.net/
発行人　駒橋憲一

電子書籍化に際しては、仕様上の都合などにより適宜編集を加えています。登場人物に関する情報、価格、為替レートなどは、特に記載のない限り底本編集当時のものです。一部の漢字を簡易慣用字体やかなで表記している場合があります。本書は縦書きでレイアウトしています。ご覧になる機種により表示に差が生

※本刊行物は、電子書籍版に基づいてプリントオンデマンド版として作成されたものです。